重新定义公司

事业合伙制
股权激励法律实务

高慧 

中国法制出版社
CHINA LEGAL PUBLISHING HOUSE

序 Preface

互联网时代，公司的发展离不开数字化和平台化，更离不开企业家与团队的共识力。事业合伙制不仅颠覆了公司传统意义的股权激励模式，也颠覆了公司的架构，重新定义了公司在商业中的制度设计，这种变化也颠覆了企业家在商战中所摸索出的商业规律和管理经验。

公司的传承已经不可能按照企业家过去自己创业的方式交给下一代，新老交替是一层一捅就破的窗户纸，如何建立背靠背的信任，如何搭建一个新老共融的班子是很多民营企业亟待解决的一个方向性问题。

阿里巴巴和万科的事业合伙制为很多转型升级和新老传承的民营企业带来了新的思路和血液。建立平台和事业合伙制是民营企业转型升级和新老传承的一个战略出路。但是，企业家往往对于企业如何转型、平台如何搭建、事业合伙制这条路怎么走，并不清楚或者了解。如何从制度上将事业合伙制落地？企业控制权会不会旁落？公司治理会不会限入僵局？管理层持股后如果出现理念不合，人才流动后股权怎么处理？企业如何防范诸如山水水泥新老交替的恶性事件？如何防范深圳市富安娜家居用品股份有限公司高管集体跳槽至竞争对手类事件？这些疑问都是企业在推进事业合伙制平台的时候要考虑的问题。

因此，任何企业要建立事业合伙制的平台，首先要熟悉事业合伙制的基本商业逻辑和法律规范。基于中国的商业环境和企业借助资本市场做大做强的动力，如何建立一个既可以打造一流企业团队的事业合伙制平台，又可以借助事业合伙制平台快速地进入资本市场，是每一个企业和企业家需要考虑的战略问题。

当我们认识到事业合伙制重新定义了公司，成为互联网时代股权激励的风口，那么事业合伙制就不仅仅是一个人才战略问题，而是一个战略转型升级问题，是一个企业的制度搭建问题，是一个非常现实的融资并购问题，也是借助资本市场做大做强的问题。

基于以上的思考，我有了写一本从法律制度上帮助企业家构建适合企业发展的事业合伙制股权激励的书的想法。

本书的写作灵感和材料都来源于优秀企业家的实践，我不过是把这种实践系统地梳理出来，希望更多的企业可以借鉴和落地执行。

纸上得来终觉浅，绝知此事要躬行。希望这本书能够对想要了解和构建事业合伙制的创业者和企业有所帮助。

在本书付梓出版之际，感谢团队小伙伴给予我的支持，他们不辞辛苦地帮助我收集素材，才使本书得以和读者见面，更要感谢中国法制出版社赵宏老师、刘晓霞老师给予的建议和意见。

高慧

二〇一九年元月于上海

目 录 contents

引子：员工持股计划的溯源及本质

1. 商鞅立木取信

《史记·商君列传》记载：商鞅变法之令既具，未布，恐民之不信己，乃立三丈之木于国都市之南门，募民有能徙置北门者予十金。民怪之，莫敢徙。复曰："能徙者予五十金。"有一人徙之，辄予五十金，以明不欺。

史记所记载的商鞅立木取信实质上是一次国家股权激励的雏形或者尝试，秦第一次为普罗大众打破了"王侯将相宁有种乎"的晋升机制，即通过建立军功激励的制度最终在七国争霸中胜出，统一了中国。

2. 晋商"顶身股制度"：封建时代先进的股权激励制度

晋商是中国商业文明史上的一颗璀璨明珠。乔家大院里走出来的乔致庸，怀揣着"汇通天下，货通天下"的梦想，从一个山西的小县城一举成为清末商业界的翘楚。

正当乔致庸准备大干一番的时候，他最看好的包头“复字号”店铺跑街的马荀向他提出辞号。乔致庸与马荀进行了一番具有变革意义的谈话。乔致庸问：为什么要辞号？马荀回答：别处给的酬劳更高。在任何商业社会中，这是一个再正常不过的理由。乔致庸又问：掌柜的为什么没人辞号？马荀回答：因为掌柜的在商号生意里顶着一份身股，不但平日里拿酬劳，4 年账期到了还可以领一份红利。乔致庸这才明白靠给更高的酬劳招募能干的跑街，总会有人出更高的酬劳挖走，只有“顶生股”这套制度才能留得住能干的人。他为了激励伙计们好好干活，给商号里所有学徒期满出师的伙计每人顶 1 厘的身股，并随着年限而增加。这样一来，每到年底，伙计就可以领几十两甚至几百两银子的红利。“顶身股”并不是所有的伙计都有，须是合格通过四年试用期后正式录用的伙计，然后还需要根据伙计的品质、能力和绩效来决定是否能拥有“顶身股”以及能够拥有几厘的股权，股权从 1 厘至 10 厘有 10 个等级，从 1 厘半至 9 厘半有 9 个等级，一共是 19 个等级，划分要求严格。这对于已有“顶身股”和没有“顶身股”的伙计来说，都具有极大的吸引力和诱惑力。伙计为了当掌柜的、多得股份，个个都会努力地工作。

“顶身股”是晋商在几百年的经商过程中摸索并不断完善的一套卓有成效的股权激励方法。在封建社会的末期，晋商正是通过这套股权激励制度将生意，尤其是票号生意推向全国，影响深远。

3. "员工持股计划之父"：路易斯·凯尔索及其双因素经济学理论

员工持股计划（Employee Stock Ownership Plans，以下简称 ESOP）是美国著名的公司律师、经济学家、投资银行家路易斯·凯尔索（Louis O. Kelso）1958 年提出来的。

1958 年，路易斯·凯尔索与哲学家莫迪默·艾德勒（Mortrimer Adler）合著的《资本主义宣言：如何用借来的钱让 8000 万工人变成资本家》（*The Capitalist Manifesto*, *How To Turninto Eight Million Workers Into Capitalists On Borrowed Money*），正式提出建立员工持股计划的民主资本主义理论架构。

路易斯·凯尔索深谙资本主义精髓，他研读马克思《共产党宣言》，认为普通工人要推翻资本主义社会是因为普通工人只是一般劳动者，劳动者创造价值但不一定创造财富，只有把普通劳动者转化为资本工人，参与公司财富分配，与资本所有者共享劳动成果，才能真正解决资本主义社会的问题。实现民主的资本主义，要让劳动者有产权，愿意参与，可以优先享受资本利得的权利。他认为，生产要素只有两种：资本与劳动。他宣称，员工持股是"民主的资本主义"。其理论要点有三：

（1）路易斯·凯尔索分析了美国不同时期资本、劳动两项因素对社会产出贡献比例及变化，通过观察社会不同阶层对科技进步成果占有的情况研究得出，美国建国初期，资本贡献占大约 10%，劳动贡献占大约 90%；进入 20 世纪 50 年代，资本贡献占比上升到大约 40%，劳动贡献占比下降到大约60%，社会财富急剧地集中到少数拥有大量资本的人手中。

（2）劳动者不仅应当通过劳动获得收入，也应当通过资本获得收入，这是人的基本权利。

（3）基业长青的企业，应当建立员工对企业的认同感。随着科技的进步，社会对产品质量的要求越来越高，产品和技术的更新换代越来越快，仅仅依靠对工人的监督和考核并不能提高工人的责任感和积极性，特别是高科技领域。

1986年，路易斯·凯尔索和夫人帕特里西亚·凯尔萨（Patricia Hetter Kelso）合著了《民主与经济力量：通过双因素经济开展雇员持股计划革命》（*Democracy and Economic Power*：*Extending the ESOP Revolution Through Binary Economics*），正式提出著名的双因素经济理论，并系统地阐述了其员工持股计划的理论基础和员工持股计划对美国社会经济的变革。

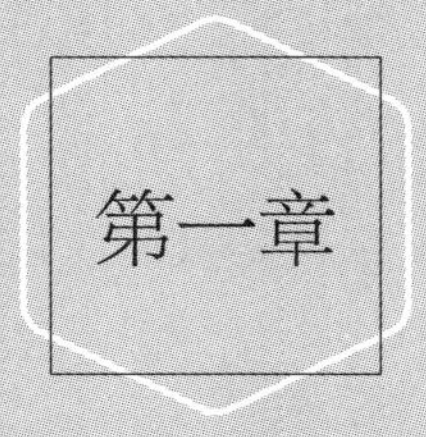

事业合伙制的共识

阿里巴巴上市、“宝万之争”，让我们近距离地观察到阿里巴巴和万科合伙人制度的优越性，也使得我们真正开始思考优秀企业是如何搭建百年基业的管理架构，如何激励优秀的人才实现自我管理并持续地为企业发展努力奋斗和为股东创造利润。

因此，合伙制成为创业企业和成长型企业转型升级以及家族财富管理的一种重要的战略选择。但是，企业又具有其独特的企业文化和发展路径，事业合伙制需要在特定的法律规则下落地执行，这往往又成为企业家在思考事业合伙制股权激励时的一个制度障碍和执行障碍。

现代企业制度，其主要形式是公司制企业治理架构，公司的有限责任制和合伙企业的普通合伙人与有限合伙人自由约定机制为公司加合伙制股权激励机制创造了一种新型的企业家与团队创业的合伙模式。

但是，事业合伙制最大的障碍在企业家本身。首先，企业是企业家的孩子，也是平台，舍得和分享的心态很重要。企业家要有勇于接受新事物的魄力，事业合伙制是一个新的事物，但是许许多多卓越企业的实践证明，事业合伙制是互联网时代企业转型升级和抓住风口的一个难得机遇。

因此，在中国法律框架下，合伙制必须建立在以下共识的基础上：

第一节　人才是合伙的源泉

电影《天下无贼》里有一句经典对话："21 世纪什么最贵？人才！"

没有人才战略的企业，做不到基业长青。企业家都要有爱才的修养和眼力。很多有匠心精神的企业家，他们不爱管人事，认为这个应该交给专业的人去做。但是，他们不知道，企业家才是一个公司最大的人事决策者。众所周知，微软、苹果、GE、万科、华为在选择接班人这件事上都需要经过数年甚至数十年的培养和观察，即便如此，最终成为这些企业领导者的人，实践证明也并没有企业家当初预想得好，"千军易得，一将难求"。

科技的进步、世界的大同、互联网的发展改变了人才的价值观，有限的薪酬或者说有竞争力的薪酬不再是吸引人才最重要的因素。文化、团队、平台是互联网时代人才选择事业最重要的考量因素。在数字化、资产证券化时代，资产证券化本身改变了薪酬结构。在一个企业发展，有没有股权成为这个员工是不是团队核心的重要考量，因此，股权激励和合伙制成为聚才的重要方式。

过去，好的企业就是一个大平台，筑巢引凤，事半功倍。现在，光有好的平台远远不够，股东和员工的关系发生了变化，既是领导与被领导的关系，也是合作伙伴的关系。因此，股权对改变这种雇佣关系就显得特别重要。

人才贵是共识，但是，如何识别人才是一个非常复杂的社会科学，需要智慧、经验、科学的评判体系，更需要时间的检验。其实，对于那些非常高端的人才或者合伙人，我们一般的经验是，先了解这个人背景怎样、学习经历如何、和谁共过事、做过什么样的值得业内推崇的事项，然后推心置腹地聊几个小时，和他的家人一起共进一次晚餐，和他喝几次茶，不断地碰撞思想，寻找默契点，摸摸对方的脾气、秉性和做事的风格，深入地聊几次就定了。

人才限制了合伙人制度的发展。因此，我们必须要知道人才都在往哪里集聚、企业布局的风口在哪里、未来如何布局企业。

人才聚集大城市的效应是社会发展成熟的一个标志，研究人口与城市化进程的经济学家陆铭教授的《大国大城——当代中国的统一、发展与平衡》为我们企业寻找人才提供了非常科学的思路，人才是和大城市的发展紧密联系的。他在书中讲了三个实证的研究故事，非常值得深思。

第一个故事是密度与工资。在中国，与世界其他地方一样，也是人口密度越大的城市，职工工资水平越高。读者可能会说，那当然了，大城市生活成本高，当然需要工资高了。可是，请你反过来想想，如果只是因为生活成本高，而没有更高的劳动生产率，企业为什么要付给员工更高的工资呢？企业付高工资的原因一定是员工创造的价值比企业付的工资还要多，否则，企业就不会愿意继续留在工资高的城市。

第二个故事是人往高处走。在城市里，如果周围人的受教育水平提高，那么我们自己也能够享受到“人力资本外部性”。于是，一个城市的平均受教育水平越高，这个城市的工资水平就越高。也正是因为这样的原因，大城市更能够留得住大学生。在中国，1982 年人口普查时大学生比重较高的城市，到了 2010 年大学生人口比重提高的百分点数也更多。这和美国出现的大学生扎堆式地向大学生比重高的城市集聚的现象如出一辙。大学生集聚的同时，低技能劳动者也到大城市去找服务业的工作。于是，初始年份大学生比例高的大城市也出现了更快的城市人口增长速度。

第三个故事是港口与工资。在全球化的时代，港口非常重要，港口附近的国际贸易运输成本较低，于是企业向港口附近集聚，而集聚又导致更高的劳动生产率。在中国，到上海、香港或者天津这三大港口的最短距离显著地影响了劳动生产率（用工资度量）。在到大港口 500 公里的范围之内，离大港口越远，工资越低，相比于大港口附近，500 公里之外的地方工资大约低 50%。离大港口 500 公里以后，工资水平就和到大港口的距离没什么明显的关系了。500 公里大概是个什么概念呢？相当于从上海出发往西走，到达安徽西部，也就是泛长三角的大致范围。[①]

通过陆铭教授的研究，我们发现，如果一个企业想要构建事业合伙

① 陆铭著：《大国大城——当代中国的统一、发展与平衡》，上海人民出版社 2016 年版，第 179 页。

制的平台，就必须想明白一个问题，人才到底在什么地方，企业的风口在什么地方。合伙人制度的顶层设计一定要和人才战略的培养相结合，而人才的挖掘和企业的发展战略、大城市的进程又是分不开的，逃离大城市的发展战略显然与企业人才战略是相悖的。

因此，企业的战略平台或者管理平台、营销平台、研发平台一定要建立在大城市人才集中的地方。任何合伙制的股权激励，其优越性一定要和人才聚集地相匹配，否则，企业会陷入总是找不到优秀人才的发展悖论。其实，这种平台战略本质上类似于跨国企业的总部中心战略。

第二节　平台和创始股东是合伙的关键

一个企业能走多远，最重要的是平台和创始股东，古今中外概莫能外。因此，选对平台、跟对创始股东很重要。根据经验和观察，创始股东的战略、格局、文化在团队建设和企业发展中起着关键性的作用。一般地，一个企业中：

（1）创始股东的战略就是企业的战略！（2）创始股东的格局就是企业的格局！（3）创始股东的文化就是企业的文化！

那些成功的、优秀的企业都深深地贴上“创始股东”的标签，微软的比尔·盖茨、苹果的乔布斯、Facebook（脸书）的扎克伯格、特斯拉的马斯克、阿里系的马云、华为的任正非、万科的王石、小米的雷军皆如此。

因此，一个平台再好，没有一个灵魂式人物的创始股东就是一盘散沙，没有强有力地推进企业制度、文化、战略建设的创始股东是不可能建立起合伙制、公司制的事业平台的。

战略是基于未来的，是需要给团队吃定心丸的。如果创始股东都不知道自己能走多远，又如何指望团队为企业奋斗呢？格局是基于团队合作的，有好的格局，才会有好的团队；文化是团队行为处事的方式和内在修养与外在展示，郭广昌所称的复星的坦荡文化，王石、任正非所称的万科、华为的狼性文化，其本身都刻着创始股东战略、格局、文化的烙印。

合伙创业需要大股东，因此合伙创业第一件事就会涉及合伙人的股权分配。关于创业的股权分配，应当有一个具有支配地位的股东起领导作用。股权分散就意味着决策分散、创业的动力分散、权利责任的分散，不利于企业快速地应对市场的变局。股权分配并没有一个可以用数字量化的标准。每一个股东受教育程度有差异，家庭背景有差异，资源、经历、专长有差异，唯有从权利义务的匹配、投入产出的匹配、资源整合的贡献大小出发，从制度上构建股权结构，才能够避免公司在创业过程中因理念不合出现公司僵局。一个公司，有控股股东或者大股东的情况下，在创业的时候即便出现分歧，也能够相对地做到进退自如。

所以，基于《中华人民共和国公司法》的创业基础，公司的合伙架构应当有利于决策的制定。一个创业的公司应当有大股东，而且应当有绝对话语权的大股东。一般情况下，大股东的股权比例在初创的时候应不低于50%，并在后续融资及引进合伙人时予以充分的预留和考虑。

大股东为什么应当拿这么多股权？因为他担的风险最多，他承受的痛苦最多，他始终要比别人快一步，他要比别人有更大的胸怀。

实践中，创业往往是各种资源的聚合。在理念和契合度高度一致的情况下，基于平台的需要，股权比例设置上会相对分散，这也是创业中常见的一种形态。但是为了避免出现“西少爷”① 团队创始人之间理念不合的现象，一般情况下，主要的创始人一般是第一大股东和第二大股东或者第一大股东和第三大股东，其持股比例合计超过50%；第二大股东和第三大股东合计持股比例不超过50%，以便于后续融资稀释后有相对大股东，且通过一致行动可以实际控制公司。在此种架构下，对于后续引进的管理层团队，需要持股的，最好通过期权或者限制性股票激励实现，且通过有限合伙平台进行，避免团队在发展过程中因为理念不合进进出出，引发公司治理僵局。

① “西少爷”，是指奇点同舟餐饮管理（北京）有限公司旗下的快餐连锁品牌。

第三节 共享、共担、共赢是合伙的土壤

百年基业的企业讲共享，用未来定义未来的企业讲共担，成功的企业讲共赢。

共享是企业基业长青的动力。在企业发展中坦诚共享是为了弱化“拥有权”，强调“使用权”。企业财富的最大拥有者切不可以土豪自居，所谓“人聚则财聚，人散则财散”。有舍有得不仅仅是对待客户、供应商关系的态度，也是对待合伙人以及员工关系的态度。如果我们对待自己的员工如同对待自己的客户一样，那将是一种什么样的团队呢？正如互联网上常出现的一句话：“我们团结起来连我们自己都害怕”，这便是团队的力量。

共享的前提是信任，和一个人建立信任或许不难，难就难在能够建立始终如一的信任，可见信任是多么重要。

共担是追求员工与股东共同承担投资风险，这是事业合伙人与职业经理人最大的区别。

如果一个企业没有担当，一个企业的员工没有担当精神，那么这个企业不可能基业长青。担当除契约精神的培养之外就是建立利益一致的团队精神，即构建合伙制，让他成为股东。

共赢是将股东的利益、企业的利益和员工的利益合为一体。企业利益的最大化离不开股东的支持，离不开员工的努力。股东和企业的利益往往是一体的，但是要想将员工的利益和股东的利益、企业的利益合为一体，那只能将员工变为股东，建立合伙制。

员工不仅需要一份可以实现自己事业的工作，也需要一个能够成为股东的机会、可以实现财富自由的机会。

因此，如果一个企业里面，永远只有实际控制人的声音，那么不可能建立一个生机勃勃的合伙团队。因此，无论阿里巴巴、万科、华为干得有多好，你可能总是学不会、学不来，因为你没有合伙的土壤。

有人会问，华为是一家伟大的公司，任正非是华为的精神领袖，华为的合伙制（奋斗者协议）为什么受推崇？其实，每一个出类拔萃的企业，都有一个你可能认为他是来自外星人的领袖，他捕捉到了常人无法想象的商业先机，巴菲特、杰克·韦尔奇、乔布斯、扎克伯格、马斯克，马云、任正非、王石、俞敏洪、郭广昌皆如此。但是他们共同的特点是，在企业中创立了共赢、共享、共担的土壤。

但是，即便是这样伟大的企业，设置了合伙制度这样的顶层设计，优秀人才的流动、合伙人的离开也是非常正常的事。今天，我们依然可以听到和看到很多优秀公司的创始人来自新东方、华为、万科、复星等成功实践合伙制度的企业。

因此，伟大的制度同样需要伟大的企业家，只有伟大的企业家才能将伟大的制度发挥到极致。

华为没有上市，是因为他的帝国创造了一个相对足够大的闭环，在这个闭环内实现了资产证券化（奋斗者协议、虚拟股权激励）。但是工会持股绝不是当下可以借鉴的一种商业模式，这只是历史的产物。在法律上，工会只是一个非法人组织。未来，华为最有可能的发展路径是按照绿地的模式设立若干有限合伙企业，由管理层担任管理合伙人代替工会持股。

反观那些曾经成功的合伙人，如新东方的“三驾马车”、复星的“四剑客”为什么最终选择离开，我想根源在于共享土壤的根基不够牢固。阿里巴巴在美国上市，其突破美国AB股的合伙制便是共享、共担、共赢土壤的典范。当然，这离不开美国健全的证券法律制度的保障。

因此，任何好的制度，如现在流行的事业合伙制股权激励，首先应当建立在企业股东能够给管理层、员工提供一个共享、共赢、共担的平台和企业文化。如果一个企业家没有很高的战略眼光和胸怀，没有良好的企业文化，任何好的制度在执行上都会大打折扣。

第四节　信任是合伙的基石

信任是一个人在社会交往中获得的财富或者资本。哈佛大学政治学博士弗朗西斯·福山认为信任是社会资本，人们自发组织社群并进行各种互惠互利的天性和争取被认可的本性形成信任。

美国现代哲学家、女作家博克认为：信任是一种社会财富，应该像我们呼吸的空气或饮用的水一样得到保护。当信任受到破坏，作为整体的社会也会受到破坏；信任被毁后，社会也就瓦解了。

1969 年，美国心理学家安德森绘制了一张表，列出 550 个描写人的形容词。他让大学生们指出他们最喜欢的品质和最不喜欢的品质。调查结果表明，在人际关系中，最受欢迎的 10 项人格特质，依次排序是：**诚恳、诚实、理解、忠心、可信、可依赖、聪明、关怀细心、体谅、热忱**。最不受欢迎的 10 项人格特质是：欺诈、精灵古怪、恶意、残忍、不诚实、不真实、做作、不可信赖、冷漠、贪得无厌。

因此，信任是如此重要，需要我们建立一套法律规则来保护它。一切糟糕的创业，合伙人都是基于信任走到一起，最后因为不再信任而各奔东西，甚至刀枪相见。因此，有人总结，不要和朋友一起创业，因为有可能失去最好的朋友。但是，朋友是自由而无用的。人和人就是在社会上交往的一个群体，没有必要分得这么清楚，正是因为朋友有信任的基础才会走到一起，才会有创业合伙的基础。根本的问题在于，不是所有的朋友都适合创业，适合做事业或者商业的合作伙伴。因为创业，除了信任，还有很多限制条件。

信任的基础在于社会契约，一个崇尚或者注重法律风险的创业者往往是一个值得信任的人。

但是，创业都是九死一生的，创业者往往缺乏对法律的认知或者敬仰，甚至有企业家认为法律是无用的。其实，对法律的不信任就是对商业规则的不信任，往往也伴随着对团队的不信任。

马云在创业阶段遇到了熟悉美国资本市场的律师蔡崇信，因此，我们看到这位律师为马云、阿里巴巴设置了一个非常值得信任的合伙制度，阿里巴巴才能够在美国资本市场上走得这么顺利。

如果把阿里巴巴放在中国的资本市场环境下，这种信任度就会降低，其实马云在国内的一些表现，往往证明了其对中国法律环境的不信任。

而福耀玻璃的曹德旺就是一个非常务实的企业家，他对中国法律环境的把握非常到位，也正是因为这样尊重规则的信任，让他成为当下颇有担当的企业家之一。

因此，尊重规则、尊重法律，这是建立信任的前提，也是企业家推行事业合伙制股权激励的前提，任何违背信任建立起来的合伙制都是画饼充饥，只会进一步地伤害管理层和员工的心。

第五节　有限责任制是合伙的利剑

哥伦比亚大学校长尼古拉斯·巴特勒曾经说过：“现代社会最伟大的发明就是有限责任公司！即使蒸汽机和电气的发明也略逊一筹。”时至今天，历经几百年，我们看到人类社会的进步离不开企业创新的推动。因此，这个说法一点都不为过，如果没有公司这种组织结构，不可能产生微软、苹果、脸书、阿里巴巴、华为这样伟大的公司。

正是因为公司这种股东承担有限责任的制度，让股东和人才不断涌入这样的组织当中，推进社会变革和技术进步，历经几百年，经久不衰，发挥着制度的优越性和社会进步的优越性。

无论今天我们如何进行组织变革，但是可以预见的将来，公司依然是社会的主要组织形式，依然是推动技术和社会进步的中坚力量。组织结构的扁平化和去中心化并不能取代公司这个伟大的发明，相反，通过公司加合伙的这种古老模式，将更大限度地发挥有限责任制的优势。

因此，公司有限责任制和合伙企业有限合伙人的出现正是基于创新和推动变革的组织需要。

创业阶段，公司的结构体系基本上是由公司和合伙企业构成，基于公司的有限责任制，将出资人和经营管理层的权限和风险分开来。股东作为公司的出资人以其出资为限（认缴或者实缴）承担有限责任，公司董事、监事、高管以《中华人民共和国公司法》和公司章程为限承担勤勉尽责和忠实义务。

但是，对于事业合伙制的股权激励平台，同样需要考虑激励对象的风险承受能力和人才流动对公司正常经营的影响。于是，有限合伙企业就成为公司事业合伙制股权激励平台的首选，因为有限合伙企业下的事业合伙制股权激励平台以普通合伙人（一般由实际控制人担任）为主要激励对象，其他激励对象为有限合伙人，普通合伙人对合伙企业债务承担无限连带责任并实际负责合伙企业的运营和管理，有限合伙人仅以其出资承担有限责任而不负责企业的运营和管理。

这种有限责任的制度安排为事业合伙人的股权激励提供必要的制度设计和实际操作的可行性，成为新经济时代最主要的公司治理模式。

第六节 遵守契约、敬畏责任、尊重贡献是选择合伙人的共识

北京大学陈春华教授就“宝万之争”提出应当在“遵守契约、敬畏责任、尊重贡献”的共识下解决股权之争。

对于创业合伙或者进行事业合伙的革新企业来说，合伙人之间非常有必要在“遵守契约、敬畏责任、尊重贡献”上达成共识，并能够身体力行。

一个不遵守契约的人、一个不敬畏法律的人绝不是一个合适的合伙人。中国的企业家缺乏契约文化的土壤，因此合伙时首先应当达成遵守契约的共识，口说无凭，立字为证，就是这个道理。实践中，很多创业的合伙人因为同学、同事、朋友的关系，往往以口头约定开始创业，不注重契约，以致造成利益纠葛、拖垮企业的比比皆是。

一个不敬畏责任的人只会拖垮团队的发展，勇于担当的人往往可以做成大事。创业、合伙是一个开弓没有回头箭，不计得失，不能轻言放

弃的团队行动，责任不仅意味着对自己家人的负责，也是对团队、对团队家人的负责。

“天下熙熙，皆为利来；天下攘攘，皆为利往。”只有尊重贡献，才能兼顾利益平衡，才能激励每一位合伙人发挥最大的潜能，为团队发展壮大贡献更多的力量。

因此，任何时候都应当把“遵守契约、敬畏责任、尊重贡献”作为选择合伙人的第一道门槛。所谓“磨刀不误砍柴工”，组建一个团队需要很多方面的人才，但是选择正确的合伙人更加重要。

对很多人来讲，寻找合伙人更相信机缘，其本质上是能够找到达成共识的人，能够找到经历相似的人，能够找到具有正能量的人。所以，观察一个人的命运或许有另外一种收获，所谓“幸福的家庭都是相似的，不幸的家庭各有各的不幸”，道理相似。

复旦大学胡君辰教授认为，每一个人生来都有命和运两个属性，命相同而运不同。人的出生，会有很多限制和机会，如家庭、遗传疾病、出生地、周围环境（孟母择邻其实是对孟子运的革新）。有人悲惨，有人优越，有人普通，有人跌宕起伏，有人一帆风顺，有人轰轰烈烈，有人只看到限制而没有看到机会，而有人绕开限制，寻机突破，就成功了。

但是人的命运犹如一个可以不断膨胀的容器，这个容器是由生命、限制、机会构成的，人通过行为影响这个容器的大小，当一个人突破自己的容器，就会出现危机。而人的行为会受到这种自我谈话的思维方式影响，而人的思维又会受到个人经验和他人经验的影响。比如，和自己容器差不多的人创业成功了，这是他人的经验，极有可能使你产生自我谈话："既然他可以成功，为什么我不可以成功？"

胡君辰的命运理论图

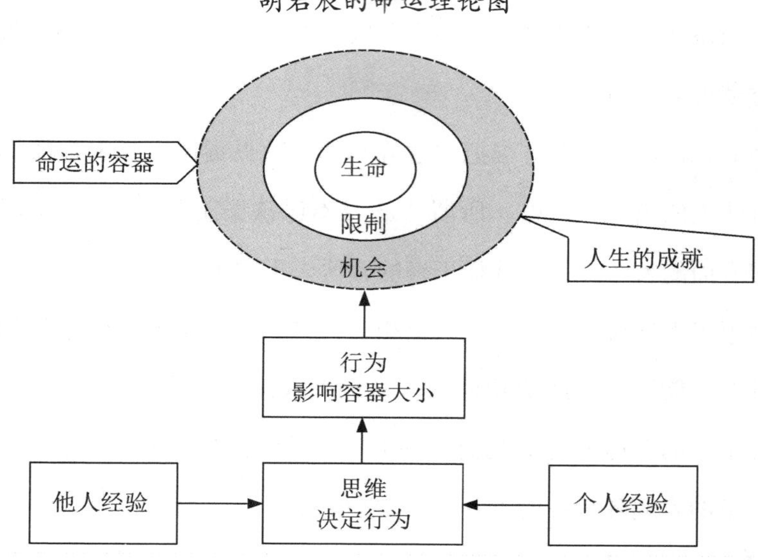

因此，事实上，我们可以通过一个人的命运经历迅速捕捉创业合伙人的容器大小，评价合伙人与自己的契合度。

第二章

事业合伙制股权激励制度设计

第一节 合伙的有限责任制度

"合伙"这个词有着天然的人合性，所谓"一人一口"称之为"合"，"一人一把火"称之为"伙"。

电影《中国合伙人》在中国创业的热土上产生了极大的共鸣。同学、同事共同创业是合伙的典型范式和路径选择。俞敏洪、徐小平、王强称为新东方的"三驾马车"，他们富有激情和梦想，善于激发他人的潜力，胸怀大志，又有着相似的、彪悍的人生轨迹，可谓《史记·滑稽列传》中所记载的："此鸟不飞则已，一飞冲天；不鸣则已，一鸣惊人"。

新东方的"三驾马车"呈现给市场的是团队的力量，但也呈现出三个牛人的另一面，每一个人都太强、太有个性、太有梦想，最终的抉择是徐小平、王强两位合伙人离开新东方选择重新创业。但是，新东方的"三驾马车"确实为每一个创业的合伙人留下了很多值得学习和借鉴的地方。创业合伙需要合伙人"一起出发，一起到达"，但是，人生和市场总是多变的，不合适的合伙人终归会半路下车。

徐小平和王强合伙的真格基金如今投资了很多走在创业路上的合伙人，新东方也走上一个从辉煌到衰落到再次崛起的新征程。在中国的南边，稳坐中国民营企业头把交椅的复星集团“四剑客”亦出现了裂痕，创始合伙人梁信军一封公开信的离开让整个中国企业界唏嘘不已，这也正印证了郭广昌的那句话，“聚则一把火，散则满天星”。

今天，马云的湖畔合伙人、万科的事业合伙人、华为的奋斗者合伙人正在以一种新的企业创业之道席卷中国的创业热土。

但是，又有多少人知道，那些推行合伙人制度的企业能够成功正是因为他们所沉淀的制度设计和文化底蕴。

合伙的开创之举在于创始人的开悟或者说是胸怀。

合伙作为一种企业组织形态（法律上称之为“非法人组织”，与法人相区别）起源于欧洲，在公司还没有出现的中世纪，便有了由合伙人（Partner）组成的“合名企业”。1602 年 3 月 20 日，世界上第一家公司——荷兰东印度公司成立，标志着人类社会进入一个新的商业世界。公司，这种股东承担有限责任的组织形式，极大地促进了商人的积极性，通过制度设计降低了创业的风险和交易成本，延续几百年，俨然成为推动全球化的重要组织。20 世纪 90 年代，具有创新精神的美国颁布了《美国统一有限合伙法》，有限合伙（Limited Liability Partnership，以下简称 LLP）的诞生给以公司为主要组织形式的企业增添了新的活力。这种有限合伙的方式迅速被世界各国所接受，从此，企业的形态主要以公司和合伙的组成形式为主，从而成为商业组织的主流，最为典型的是持有专业牌照的律师、会计师、医生、建筑师、投资银行家。

本书所要讨论的合伙制，主要是通过探讨合伙案例及其合规性，为中国企业做一个顶层的制度设计。因此，我们并不考虑特殊行业如律师、会计师、医生、建筑师、投资银行家此类特殊的合伙制度，而是借鉴这些特殊行业合伙制度的实践，探讨在公司组织扁平化架构下的合伙人制度。我们会讨论创业时期公司股东的选择（这是一种事业意义上的合伙）和公司组织架构扁平化架构下的项目合伙制，而这样的合伙制需要在中国法律和契约的环境下探讨。因此，本书会在《中华人民共和国民法总则》《中华人民共和国公司法》《中华人民共和国合伙企业法》《中华人民共和国合同法》的框架下讨论这些问题，为企业驱动、人才汇聚提供一种更加符合商业逻辑和契约精神的合伙制度模式。

新东方、阿里巴巴、华为、万科、复星、绿地，凡此成功的、受人尊敬的企业，背后都有合伙制的影子。公司、合伙框架的搭建是未来商业组织基业长青的革新和趋势。

因此，我们也有必要知道中国法律框架下的合伙企业是怎么一回事。一般地，《中华人民共和国合伙企业法》所指的合伙企业，是指自然人、法人和其他组织依照该法在中国境内设立的普通合伙企业和有限合伙企业。

普通合伙企业由普通合伙人组成，合伙人对合伙企业债务承担无限连带责任。

有限合伙企业由普通合伙人和有限合伙人组成，普通合伙人对合伙企业债务承担无限连带责任，有限合伙人以其认缴的出资额为限对合伙企业债务承担责任。

因此，合伙企业是一种非法人组织。法人是依法独立享有民事权利和承担民事义务的组织，而非法人组织是不具有法人资格，但是能够依法以自己的名义从事民事活动的组织。

本书中所借鉴或者讨论的合伙制，指的是有限合伙这种模式。但是，大家依然会有疑惑，如何应对有限合伙企业中普通合伙人无限连带责任？因此，一般地，创始股东或者核心管理层会先设立一家可以绝对控股的有限公司来担任有限合伙企业的普通合伙人，通过制度设计使得有限合伙企业成为名副其实的承担有限责任的组织形态。

但是，我们依然认为，合伙企业不能替代公司制。合伙企业属于非法人组织，虽然合伙企业有很多优势，但是，其人合性和不能独立承担民事责任的法律属性，决定了它只能和公司这种伟大组织结合起来，才能发挥其推动革新和大众创业的历史重任。

基于有限公司股东不超过50 人、股份有限公司股东不超过200 人的法律限制，事业合伙制一般采用合伙企业的方式间接成为公司的股东，同时考虑未来进入国内资本市场上市的需要，股东人数穿透计算后依然不能超过200 人。因此，在有限公司改制为股份有限公司，其股东最终穿透（法人股东、私募基金不做穿透计算，员工持股平台穿透核算）后应当控制在200 人的范围内。

事业合伙制的制度设计，根据企业发展的不同阶段及进入资本市场的路径不同，其制度架构设计路径也不尽相同。

第一种模式：合伙企业 + 公司的架构模式

初创企业的股权激励平台、在中国 A 股上市前的股权激励平台，采用事业合伙制的，基本上采用该种模式，完全遵循《中华人民共和国合伙企业法》。

第二种模式：信托、资管计划 + 合伙企业 + 上市公司

采用信托计划和资产管理计划，其目的主要是基于以下几个方面：

（1）信托计划、资产管理计划退出收益是暂免征税的。

（2）资产管理计划可以通过杠杆融资的方式，解决员工入股资金问题。

（3）资产管理计划作为股权激励的平台一般通过私募的方式进行，因此，激励对象不能超过 200 人。采用信托计划，如单笔委托金额在 300 万元以上的自然人投资者和合格的机构投资者，其数量不受限制。

同时，此种模式演变出上市公司层面的合伙制和项目公司的跟投机制，如万科、永辉超市、爱尔眼科等。

第三种模式：合伙人 + 合伙协议 + 公司章程 + 董事会 + 公司

此种模式典型代表为阿里巴巴，主要是在境外上市的公司采用的一种模式。合伙人首先需要成为公司的股东，然后通过合伙协议约定事业合伙制的制度架构（其法律意义是在民法总则和合同法的契约约束下），并将合伙人的意志通过公司章程、董事会制度最终转化为对公司的控制。

第二节　创业合伙的股权分配及股东权利的制约

合伙始于事业，事业的基础是股权。如何分配股权以及如何解决创业道路上随时可能出现的股权调整，决定企业发展的路径。

那么，给合伙人的股权比例到底多少为好呢？这个需要根据创业的实际情况和合伙人的背景、资源综合考虑。创始人不要认为百分之百的股权很多，给多少都可以，一个不珍惜股权的创始人一定不是一个好的创业者。

詹森（Jensen）和麦克林（Meckling）调查研究表明，“持有较少公司股权的管理者不能最大化股东的财富，因为他们有动机追求职位特权消费所带来的好处。”① 莫克（Morck）、施莱弗（Shleifer）和维什尼（Vishny）调查研究表明，“企业内部人的股权比例影响着公司价值。当企业内部人的持股比例在5%以内时，企业的盈利能力随着内部人持股比例的提高而上升；当内部人的持股比例在5%～25%时，企业的盈利

① Jensen M，Meckling W. Theory of the Firm，Managerial Behavior，Agency Costs and Capital Structure［J］. Journal of Financial Economics，1976，(3)：305－360.

能力随内部人持股比例的上升而下降；当内部人的持股比例超过25%时，企业的盈利能力又开始上升。"① 世图兹（Stulz）调查研究表明，"经理人拥有适度的持股权可以缓和经理人与股东之间的利益冲突。"②史密斯（Smith）调查研究表明，"持股权对企业绩效具有激励效应，在经理层收购（MBO）之后，公司绩效有了显著上升。"③

因此，一般情况下，股权激励的比例控制在5%以内，而创业合伙的情况下，对关键的合伙团队，持股比例控制在5%~25%。

一般地，有限公司是创业团队合伙的基本模式，有限公司最大的特点在于其人合性，从而区别于股份公司的资合性。在公司进入证券市场前，大多数公司要经历多轮股权融资。

对于创业公司来说，股权的多少对于创始人很重要，他们也非常想知道手中持有多少股权才有绝对话语权。在《中华人民共和国公司法》框架下，企业需要掌握几个关键性的持股比例。

1. 实际控制人，是指虽不是公司的股东，但通过投资关系、协议或者其他安排，能够实际支配公司行为的人

只有一层架构就直接追溯至自然人股东的，直接按照持股比例认定实际控制人，一般情况下实际控制人和控股股东为同一个人。

---

① Morck R, Shleifer A&Vishny R. Management Ownership and Market Valuation: An empirical analysis [J]. Journal of Financial Economics, 1988, (20): 293-315.

② Stulz R. Managerial Control of Voting Rights, Financial Polices and the Market for Corporate Control [J]. Journal of Financial Economics, 1988, (20): 25-54.

③ Smith A. J. Corporate Ownership Structure and Performance: The case of management buyouts [J]. Journal of Financial Economics, 1990, (27): 143-164.

存在控股平台及持股平台间接持股的，以及通过一致行动协议委托投票（VIE 协议）或者委托持股的，需要穿透核查合并计算认定最终的投资人。

拟在境内上市的公司，基于股权清晰的法律要求，不得通过委托投票、委托持股的方式控制公司。

2. 控股权（持有50%以上股权，或足以产生重大影响）

（1）出资额占有限责任公司资本总额50%以上或者其持有的股份占股份有限公司股本总额50%以上的股东。

（2）出资额或者持有股份的比例虽然不足50%，但依其出资额或者持有的股份所享有的表决权已足以对股东会或股东大会的决议产生重大影响的股东。

持股比例（包括直接持股或者间接持股）合计超过50%的股东为控股股东，在股权结构分散的公司，第一大股东一般持股比例不到50%，不低于30%，且任何其他两个股东合计持股不超过第一大股东，公司董事会、管理层主要由第一大股东提名，一般认定第一大股东对公司股东会或股东大会具有重大影响，为公司的控股股东。

拥有一家公司的控股权，关键的权利在哪里呢？就是除《中华人民共和国公司法》规定的需代表三分之二以上表决权的股东通过以外，以及公司章程另有约定，一般情形下公司的主要经营决策都是由持有表决权过半数的股东通过即可执行。

因此，一般情况下，创业公司在中国A股上市前，大股东或者重要核心团队（一致行动人）持股比例不应当低于50%，公开发行25%的股票后，实际控制人或一致行动人的持股比例应保持在30%以上。

3. 绝对控股权（持有三分之二以上股权）

根据《中华人民共和国公司法》的规定，修改公司章程、增加或者减少注册资本的决议，以及公司合并、分立、解散或者变更公司形式的决议必须经代表三分之二以上表决权的股东通过。

拥有公司三分之二以上表决权的股东可以决定公司章程的修改和增资等对公司发展具有重大影响的事项。

因此，绝对控股股权可以解决公司治理出现的僵局。

4. 临时董事会召集权、股东会召集权、请求人民法院解散公司权（持有10%以上股权）

（1）代表十分之一以上表决权的股东，可以提议召开董事会临时会议。董事长应当自接到提议后10日内，召集和主持董事会会议。

（2）代表十分之一以上表决权的股东，提议召开股东会临时会议的，应当召开股东会临时会议。

（3）公司经营管理发生严重困难，继续存续会使股东利益受到重大损失，通过其他途径不能解决的，持有公司全部股东表决权10%以上的股东，可以请求人民法院解散公司。

5. 股东代表诉讼

董事、监事、高级管理人员执行公司职务时违反法律、行政法规或者公司章程的规定，给公司造成损失的，以及他人侵犯公司合法权益的，有限责任公司的股东可以书面请求监事会或者不设监事会的有限责任公司的监事向人民法院提起诉讼；监事有上述情形的，股东可以书面请求董事会或者不设董事会的有限责任公司的执行董事向人民法院提起诉讼。

监事会、不设监事会的有限责任公司的监事，或者董事会、执行董事收到前款规定的股东书面请求后拒绝提起诉讼，或者自收到请求之日起30日内未提起诉讼，或者情况紧急、不立即提起诉讼将会使公司利益受到难以弥补的损害的，股东有权为了公司的利益以自己的名义直接向人民法院提起诉讼。

6. 股东直接诉讼

（1）公司股东会、董事会的决议内容违反法律、行政法规的无效。

股东会、董事会的会议召集程序、表决方式违反法律、行政法规或者公司章程，或者决议内容违反公司章程的，股东可以自决议作出之日起60日内请求人民法院撤销。

（2）董事、高级管理人员违反法律、行政法规或者公司章程的规定，损害股东利益的，股东可以向人民法院提起诉讼。

因此，在创业初期或者有限公司阶段，基于创业公司的人合性和公司章程的制约，事业合伙制的构架就可以从根本上解决因股权激励带来股东太多引发的公司治理僵局或者控制权失衡的问题。

第三节 公司章程之合伙制股权和权益的自由约定

事业合伙制基于公司的茞新而来，实际上是将合伙的人合性和股份公司的资合性合为一体，相互制衡，达到股东、公司、员工利益的共享、共担、共赢。

事业合伙制建立在公司的组织形式上，要在公司章程自由约定的范畴中展开，达到制度设计的最优。

公司章程是公司的“宪章”，对公司、股东、董事、监事、高级管理人员具有约束力。而《中华人民共和国公司法》是规范公司商业化运作的基本法，在不违反《中华人民共和国公司法》强制性效力性规范的前提下，公司可以根据治理的需要在公司章程中自由约定体现股东战略发展意志的内容。

1. 分红权的另行约定

分红权可以按照公司章程另行约定，而不需要按照出资比例约定。

2. 同比例增资权的另行约定

《中华人民共和国公司法》第 34 条规定：股东按照实缴的出资比例分取红利；公司新增资本时，股东有权优先按照实缴的出资比例认缴出资。但是，全体股东约定不按照出资比例分取红利或者不按照出资比例优先认缴出资的除外。

股东可以在公司章程中约定不按照出资比例在下一轮增资时享有同比例增资的优先权。

3. 会议事项的另行约定

《中华人民共和国公司法》第 41 条第 1 款规定：召开股东会会议，应当于会议召开 15 日前通知全体股东；但是，公司章程另有规定或者全体股东另有约定的除外。

公司章程可以自行约定股东会召开的程序、方式，只要便于形成有效决议并可以形成会议记录均可以。

4. 股东会会议表决权的另行约定

《中华人民共和国公司法》第 42 条规定：股东会会议由股东按照出资比例行使表决权；但是，公司章程另有规定的除外。

有限公司具有典型的人合性，每一股股份均具有相同的表决权。但是公司章程可以另行约定不按照出资比例行使表决权，即大股东为了便于集权管理，避免股权过于分散，造成公司经营僵局，可以根据公司战略的需要约定不按照出资比例行使表决权。

5. 公司经理职权的另行约定

《中华人民共和国公司法》第 49 条规定：有限责任公司可以设经理，由董事会决定聘任或者解聘。经理对董事会负责，行使下列职权：（一）主持公司的生产经营管理工作，组织实施董事会决议；（二）组织实施公司年度经营计划和投资方案；（三）拟订公司内部管理机构设置方案；（四）拟订公司的基本管理制度；（五）制定公司的具体规章；（六）提请聘任或者解聘公司副经理、财务负责人；（七）决定聘任或者解聘除应由董事会决定聘任或者解聘以外的负责管理人员；（八）董事会授予的其他职权。公司章程对经理职权另有规定的，从其规定。

《中华人民共和国公司法》规定经理的职权可以另行约定，一方面给企业自主决定根据公司的需要下放更多的职权给经理以充分的授权；另一方面可以进一步细化明确经理的职权，通过公司章程明确经理的职权和责任，避免出现内部控制人问题。

6. 股权转让的另行约定

《中华人民共和国公司法》第 71 条规定：有限责任公司的股东之间可以相互转让其全部或者部分股权。股东向股东以外的人转让股权，应当经其他股东过半数同意。股东应就其股权转让事项书面通知其他股东征求同意，其他股东自接到书面通知之日起满30日未答复的，视为同意转让。其他股东半数以上不同意转让的，不同意的股东应当购买该转让的股权；不购买的，视为同意转让。经股东同意转让的股权，在同等条件下，其他股东有优先购买权。两个以上股东主张行使优先购买权的，协商确定各自的购买比例；协商不成的，按照转让时各自的出资比例行使优先购买权。公司章程对股权转让另有规定的，从其规定。

有限公司股东是基于人合性而合伙创业，内部股东之间转让股权可以自由进行，而对外转让时，内部股东具有优先权，但是公司章程可以另行约定。

因此，如果为了保证创始人的控制权，可以约定排除内部股权转让的自由权利，约定大股东具有优先权，外部转让时可以不按照持股比例享有优先权，由持股最多的股东行使优先权等。

7. 股东资格的另行约定

《中华人民共和国公司法》第75条规定：自然人股东死亡后，其合法继承人可以继承股东资格；但是，公司章程另有规定的除外。

基于有限公司的人合性，在公司创业阶段，包括成长阶段，公司股东亦是公司重要的管理层成员。当自然人股东死亡时，当初合伙的基础就不存在了，而股东当初持有的股权对公司未来发展又至关重要。因此，为了避免公司出现治理僵局，公司章程可以另行约定，发生自然人股东死亡的，由公司持股最多的股东按照公司当时的价值回购。

8. 高级管理人员的约定

高级管理人员，是指公司的经理、副经理、财务负责人，上市公司董事会秘书和公司章程规定的其他人员。

因此，除《中华人民共和国公司法》规定的人员外，可以根据公司管理的架构扩大高级管理人员的范围，将对公司经营具有重要作用的管理人员约定为公司的高级管理人员。

第三章

事业合伙制架构下的股权激励模式比较

第一节 股票期权、限制性股票（股权）、虚拟股票（股权）、激励基金模式比较

股权激励是在公司治理的实践经验中形成的一种有效制约内部管理人员的公司治理模式，合伙加股权激励是当下公司治理创新的一种趋势。实践中，常见的股权激励模式①主要有4种。

1. 股票期权

股票期权是授予公司激励对象在未来一定期限内以预先确定的条件

---

① 上市公司的股权激励，法定模式主要有期权和限制性股票，有限公司阶段我们一般称之为“股权”，上市公司我们一般称之为“股票”。

(1)《上市公司股权激励管理办法》规定，股权激励为长期股权激励，但不超过10年，即1年以上10年以下，不得实施短期激励。

(2) 上市公司全部在有效期内的股权激励计划所涉及的标的股票总数累计不得超过公司股本总额的10%。

(3) 非经股东大会特别决议批准，任何一名激励对象通过全部在有效期内的股权激励计划获授的本公司股票，累计不得超过公司股本总额的1%。

上市公司股票期权授权日与获授股票期权首次可行权日之间的间隔不得少于12个月。

购买本公司一定数量股份的权利。

股票期权起源于美国，是目前公众公司最普遍也是最受欢迎的一种股权激励方式，其主要以满足一定业绩指标作为行权条件，激励时间为3～10年，一般不超过10年。股票期权不可以转让、用于担保或偿还债务。

绩效考核指标一般包括公司业绩指标和激励对象个人绩效指标。

（1）用以激励股票的来源：①向激励对象发行股份（多数公众公司采用此种方式）；②回购本公司股份。

（2）用以激励股票的数量：一般不超过公司总股本的10%，可以同时实行多期股权激励计划；一般一名激励对象通过全部在有效期内的股权激励计划获授的本公司股票累计不超过公司股本总额的1%。

（3）激励对象：公司董事、高级管理人员、核心技术人员或者核心业务人员，以及公司认为应当激励的其他员工，但不应当包括独立董事和监事。

2. 限制性股票（股权）

限制性股票是指激励对象按照股权激励计划规定的条件，获得的转让等部分权利受到限制的本公司股票。

限制性股票主要是基于两个方面的考量，一是对创业团队或者陪伴公司成长的关键性员工的奖励，二是继续激励关键性员工与公司共同成长。限制性股票的本质是给予激励对象股票，但是对其售出作出一定的限制，在没有满足业绩指标或者一定的工作时限时，不得出售。

在限制性股票有效期内，公司应当规定分期解除限售，每期时限一般不少于1年，各期解除限售的比例不超过激励对象获授限制性股票总额的50%。

当期解除限售的条件未成就的，限制性股票不得解除限售或递延至下期解除限售。

限制性股票授予日与首次解除限售日之间的间隔不少于1年。限制性股票在解除限售前不得转让、用于担保或偿还债务。

3. 虚拟股票（股权）

虚拟股权是指公司授予激励对象一种虚拟的股票，员工离职时不再享有虚拟股票权益。激励对象可以据此享受一定数量的分红权，但没有所有权，没有表决权，不能转让。

与其他股权激励方式类似的是，公司授予激励对象虚拟股票，在公司实现业绩目标的情况下，激励对象可以据此享受一定数量的分红权，但是虚拟股票没有所有权和表决权，不能转让，也无须在工商或者中国证券登记结算有限公司登记。

虚拟股权的优势：虚拟股权激励可以有条件地、中长期地跟踪公司价值，而非跟踪每股利润。虚拟股票避免了以变化不定的股票价格为标准去衡量公司业绩和激励员工，尤其是在这些波动不是由于公司业绩变化造成，而是由于投机或其他宏观变量等管理人员不可控因素引起时。

虚拟股权的风险：虚拟股权操作方便，只要拟定一个内部协议就可以，也不会影响股权结构，也无须考虑激励股票的来源问题，但由于企业用于激励的现金支出较大，会影响企业的现金流，毕竟不是所有企业都能保证持续的高增长和高利润。

另外，如何考核参与虚拟股权激励计划的人员也是风险之一。对于实施虚拟股权激励的企业需要考虑的重要问题就是如何实现经营者报酬与其业绩挂钩。

4. 激励基金

激励基金一般指在年初确定一个经过财务预决算的业绩目标，如果激励对象到年末时达到预定的目标，则公司授予其一定数量的激励基金。激励基金实质上是一种向公司管理层及关键人员以公示的方式发布的具有法律约束力的年终奖分配方案。

实践中，每一种股权激励模式都有其特定的适用土壤。合伙架构的搭建和股权激励的设计需要根据公司所处的发展阶段和所处行业、人才储备情况等综合判断。为此，本书将各种股权激励方式和股权架构搭建做了一个简单的比较，便于读者了解各种股权激励模式的优劣。

股权激励方式或者股权架构搭建模式	关键特征						
	性质	分红权	增值权	决策权	出资	退出	适合情况
股票期权	一种可以成为股东的权利	×	√	×	×	容易	适合于前景好、发展空间大，暂时没有利润或现金流紧张的企业；员工经济基础较好，有行权的出资资金

续表

股权激励方式或者股权架构搭建模式	关键特征						
	性质	分红权	增值权	决策权	出资	退出	适合情况
限制性股票	有限售的真实股权	√	√	√	√	复杂	适合于发展空间大、有利润的企业，员工经济基础较好，有出资资金
虚拟股票	一种虚拟的股权	√	×	×	×	容易	适合成熟、有稳定利润的企业
激励基金	业绩奖励，税前扣除	×	×	×	×	容易	适合成熟、有稳定利润的企业
有限合伙持股	间接的有限售的真实股权	√	√	×	√	复杂	公司上市或挂牌前，普遍采用的一种激励方式（约定服务期和限售条款及回购条款）
直接持股①	真实股权	√	√	√	√	复杂	适用于处于创业初期（关键时期）；适用于公司核心高管和跟随企业多年的员工；员工经济基础较好，有出资资金

① 一般情况下，创业阶段选择主要合伙人基本上都是直接持股的方式，但是对于非核心、非关键的合伙人，以及成熟的企业、成长性较快的企业，多选择通过间接持股的方式进行股权激励。

第二节　合伙人直接持股激励模式的弊端及案例警示

公司申报 IPO（首次公开募股）前需要很长一段时间的艰辛创业，股权激励是必不可少的。而大多数拟上市公司选择有限合伙持股的方式激励团队，主要是基于风险共担的考虑，因此在中国法律框架下，需要将股权激励和服务期限的约束机制有效地结合在一起。没有任何约束机制的股权激励，是无法调动员工创造性和吸引优秀人才加入团队的，也起不到激励的作用。

基于人才流动性、公司股东僵局和公司治理的考虑，企业往往会将应当激励的合伙人归集在一个有限合伙的平台上。本书在第二章中已做详细的论述。

上市公司深圳市富安娜家居用品股份有限公司（002327）起诉 26 名核心骨干跳槽至水星家纺，并获得 4000 多万元赔偿的案例不仅给所有通过直接持股方式做股权激励的公司当头一棒，也给那些不遵守契约精神的职业经理人敲响了警钟（案件详情具体见本书附录一）。

深圳市富安娜家居用品股份有限公司股权激励纠纷案件反映了当下股权激励的两个问题，一是职业经理人的诚信问题，二是《中华人民共和国劳动合同法》对员工的过度保护问题。为此，深圳市中级人民法院审理认为：《深圳市富安娜家居用品股份有限公司限制性股票激励计划（草案）》规定的面向激励对象发行的限制性股份是由激励对象（高级管理人员及主要业务骨干）自愿认购的、转让受到公司内部一定限制的普通股。此种激励计划有利于增强深圳市富安娜家居用品股份有限公司经营团队的稳定性及工作积极性，增进富安娜公司与股东的利益，不违反法律强制性规定，是合法有效的。该股权激励计划终止后，深圳市富安娜家居用品股份有限公司采用由激励对象出具《承诺函》的方式继续对激励对象进行约束，该《承诺函》实为原限制性股票激励计划回购条款的变通和延续，体现了激励与约束相结合原则，激励对象按照《承诺函》向深圳市富安娜家居用品股份有限公司支付“违约金”后所能获得的利益仍为激励对象违反承诺日上一年度经审计的每股净资产价。《承诺函》继续对提前辞职的激励对象所能获得的股份投资收益予以限制，并不违反公平原则，是合法有效的。

深圳市富安娜家居用品股份有限公司股权激励案例的警示：公众公司的人才流动已成为常态。从企业人才战略考虑，一方面要构建企业的契约文化，让员工有归属感，另一方面说明建立事业合伙制度的重要性。一旦搭建好共享、共担、共赢的事业合伙制平台，辅以制度的保障，就可以有效地避免人才的大面积流失给公司带来的损失。

第四章

事业合伙制的典型实践及案例解读

第一节 阿里巴巴的合伙人制度及架构解读

1. 阿里巴巴的合伙人制度

2014 年 9 月，阿里巴巴在美国纽交所上市，成为全球史上最大的 IPO。其中，最引人注目的是其合伙人制度。

谈到阿里巴巴的合伙人制度，首先需要知道阿里巴巴的融资历程和股权结构。根据阿里巴巴的招股说明书及公开介绍，阿里巴巴在纽交所上市前的历次融资及股权结构如下图：

阿里巴巴上市前融资历程			
时间	金额	投资人	融资背景
1999 年	50 万元	马云夫妇、同事、学生等	创业初期，通常的融资套路：找朋友、同事、学生做合伙人，这些人都是我们最熟悉和最亲近的人。
1999 年	500 万美元	高盛、富达、新加坡政府科技发展基金、Invesit AB	创业第一年立即启动 A 轮融资，融资规模并不大，但是选择有背景的可以为 B 轮融资背书的投资人很重要。

续表

阿里巴巴上市前融资历程			
时间	金额	投资人	历次融资背景
2000 年	2500 万美元	软银、富达、汇亚、TDF、瑞典投资	有了 A 轮投资人的投资后，要趁热打铁，启动 B 轮融资，切不可在钱花得差不多时再去找投资人，要在现金流好的时候去找投资人。这便是马云说的“在阳光明媚的时候修葺屋顶”的道理。事实证明，软银在推动阿里巴巴走向资本市场方面功不可没。
2004 年	6000 + 2200 万美元	软银、富达、TDF、纪源等	C 轮融资主要考虑的是投资规模，大额的融资为阿里巴巴在 B2B 领域的拓展提供了强大的资金支持。
2005 年	10 亿美元	雅虎	D 轮融资不仅考虑融资规模，还要考虑公司的战略发展，雅虎不仅给阿里巴巴带来 10 亿美元的投资，而且在搜索技术、人才以及电子商务上给予支持。
2007 年	市值约 280 亿美元	香港上市（中国最大的互联网公司）	阿里巴巴于 2007 年 11 月 6 日在香港联交所上市，发行价每股 13.5 港元，开盘价每股 30 港元，涨幅 122%，融资 15 亿美元，创下中国互联网融资之最。2012 年阿里巴巴从香港退市，退市价仍为每股 13.5 元。此轮融资对阿里巴巴来说就是从股民手中获得了一个 5 年期 190 亿港元的无息贷款。
2014 年	市值约 2300 亿美元	美国纽交所上市（全球最大的互联网公司）	2014 年美国时间 9 月 19 日在纽交所正式上市。股票代码“BABA”，募集资金约 220 亿美元，超越 VISA 上市时的 197 亿美元，成为美国市场上有史以来规模最大的 IPO 交易。

阿里巴巴每一轮融资都恰到好处，实现了马云所谓的“在阳光明媚的时候修葺屋顶”的资本运作方式，成功地提升并放大了企业市场价值，同时每次融资也恰到好处地支持了业务稳步发展。

实践证明，阿里巴巴融资历程的基本原则亦适用于所有创业企业。

原则一：不要等到没钱的时候再去融资，所有的银行和投资人的风控都是看现金流的；

原则二：企业在现金流良好的情况下，要提前规划融资，未雨绸缪；

原则三：寻找投资伙伴时，要关注投资伙伴能够带来的附加价值，如品牌、公司治理和技术；

原则四：要重视公司的长远发展，寻找长期合作伙伴。

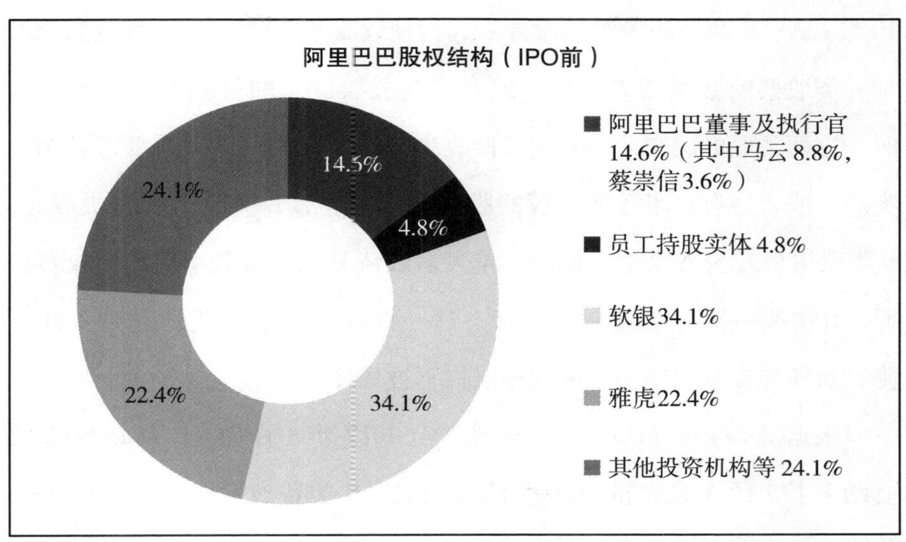

从阿里巴巴上市前的历次融资历程及股权结构可以看出，马云及其管理团队如果想继续控制公司的经营管理，就必须设计一套既符合股东利益最大化又符合管理团队利益最大化的制度，阿里巴巴的合伙人制度为此提供了制度契机。

阿里巴巴的合伙人制度并不是一个完全独创的制度，其核心要点在于股票的分类表决权机制。美国证券市场的 AB 股制度为阿里巴巴合伙人制度提供了制度创新的基础，否则阿里巴巴的合伙人制度将成为无米之炊。

2. 合伙人制度创新——以 Facebook 为例

Facebook 的普通股分为 A 类普通股和 B 类普通股（以下简称 A 类股和 B 类股）。除了表决权上的差异，A 类股和 B 类股持有人的权利基本一致。具体而言，每一股 A 类股可以投 1 票，而每一股 B 类股可以投

10 票；A、B 两类股的股东通常一起行使表决权，仅当表决事项涉及增加一类股票的数量或者价值，或对一类股票股东的权利产生不利影响时，这两类股的股东才会分别行使表决权。当 B 类股的股东要求转为 A 类股，或者持有过半数 B 类股的股东同意将全部 B 类股转为 A 类股时，B 类股可以转为 A 类股。同时，绝大多数情况下，当 B 类股所有权转让时，B 类股一律自动转为 A 类股。这一设计确保了 B 类股总数不断下降，从而确保扎克伯格掌握的投票权不被稀释。

根据 Facebook 招股说明书估算，至 2012 年 3 月 31 日，Facebook 共有约 1.175 亿 A 类股和 17.805 亿 B 类股，B 类普通股股东掌握约 96% 的表决权。而 Facebook 创始人扎克伯格在表决权协议的授权下将控制大约 55.9% 的表决权，这意味着扎克伯格将有能力控制如选举董事、公司收购、兼并或者出售公司核心资产等需股东会表决的重大事项。

下表是 Facebook 招股说明书①中估算的首次公开发行后扎克伯格所持股票数额及表决权（截至 2012 年 3 月 31 日）。

扎克伯格	持股数				表决权 *
	A 类股		B 类股		
	数额	比例	数额	比例	
个人	–	–	503, 601, 850	32. 2%	30. 9%
表决权代理	7, 125, 242	1. 1%	432, 682, 785	28. 8%	27. 6%
总计	7, 125, 242	1. 1%	936, 284, 635	59. 8%	57. 6%

① Facebook 招股说明书，资料来源于：https://www.sec.gov/Archives/edgar/data/1326801/000119312512240111/d287954d424b4.htm，2017 年 5 月 14 日最后访问。

* 由于增发新股、期权行权、实际认购数量等因素的影响，表决权比例并非上表数据简单加总。

同时，值得注意的是，Facebook 的股权架构里不允许选举董事时采取累积投票制，这样的安排能确保扎克伯格对董事人选的控制权。

根据 Facebook 的招股说明书，Facebook 与投资方签订的表决权协议共有以下四类：

第一类是不可撤销的表决权全权代理协议。这类协议下，股东同意在任何事项上按照扎克伯格的指示投票，并且授予其不可撤销的代理权。

第二类是附有限制性条款的表决权协议。这类协议下，扎克伯格的不可撤销的表决权代理受到限制（当增发股票超过 20%，且会对投资方产生不合比例的、实质性的负面影响时，扎克伯格不能就这些事项代行表决权），但该协议同时限制投资方的部分权利，如不得收购 Facebook 任何资产或业务；不得要求获得任何表决权的代理权；不得组成《证券交易法》第 13 条下的任何“团体”；不得提名任何没有被现任董事提名的人为新董事，不能提出任何需要股东投票的提议，不能发起、投票支持发起、呼吁发起股东大会特别会议；不得公开宣布将要进行以上任何事项的行动计划。

第三类协议与第二类协议的主要条款一致，该协议不适用于第三类投资方从其他股东处购得的股份。

第四类协议和第二、三类协议的主要条款一致，但不包含对投资方的限制性条款。

通过上述四类表决权协议的安排，结合 AB 股设计，扎克伯格牢牢地掌握 Facebook 的控制权。

3. “湖畔合伙人”——阿里巴巴发展之路

阿里巴巴并没有选择AB股这样的一种制度，而是独创地选择合伙人制度，其在招股说明书中阐述[①]：从1999年，阿里巴巴的创始人在马云的公寓内成立公司起，他们就在以合伙人的精神运营和管理这家公司。阿里巴巴的企业文化是保证阿里巴巴迈向成功、为客户传递长期价值的基石。2010年7月，为了保持公司的这种合伙人精神，确保公司的使命、愿景和价值观的持续发展，阿里巴巴决定将这种合伙人形式正式确立下来，取名“湖畔合伙人”，取自创始人创立阿里巴巴的地方——湖畔花园，阿里巴巴也称“阿里巴巴合伙人”。

阿里巴巴管理层认为，这种合伙人形式能更好地管理阿里巴巴的业务，使公司的高级管理者能够避开官僚主义和等级制度。目前，这个合伙人组织共有28名成员，包括22名阿里巴巴集团的管理层和6名关联公司及分支机构的管理层。合伙人制度的开展遵循以下原则、政策和流程：

阿里巴巴合伙人通过每年吸收新的合伙人来保持自身的活力，确保团队的优秀、创新和稳定。不同于双重股权结构中用高投票权的股份从而将公司控制权集中在几位创始人手中，阿里巴巴的治理结构旨在体现一大群合伙管理人的愿景。这个结构是阿里巴巴为了将来在创始人退休后，依然能在阿里巴巴内部保持由创始人创立的公司文化所给出的解决

---

① 阿里巴巴招股说明书，资料来源于：https://www.sec.gov/cgi-bin/browse-edgar? action=getcompany&filenum=333-195736&type=&dateb=&owner=include&count=100&output=xml，2017年5月14日最后访问。

方案。

（1）合伙人是阿里巴巴使命、愿景和价值的传播者，既在组织内部传播，也面向客户、业务伙伴和其他生态系统参与者传播。

（2）在合伙人的任职期间，阿里巴巴要求每个合伙人保持一定比例的股权。

（3）阿里巴巴合伙人拥有独特的权利来提名董事会多数董事，需要经过股东大会批准。如果阿里巴巴合伙人提名的董事没有被股东大会通过，或者因为任何原因离开董事会，阿里巴巴合伙人有权任命另一人担任临时董事，直到阿里巴巴的下一次年度股东大会。

那么，阿里巴巴是如何保持合伙人制度长期有效执行的呢？主要靠其锤炼出来的企业文化。阿里巴巴的使命是“让天下没有难做的生意”，其创始人创办公司的初衷是为了帮助小企业，并坚信互联网可以通过技术和创新帮助小企业成长，提升他们在国内外市场的竞争优势。指引阿里巴巴团队决策方向的是如何更好地长期服务于这一使命而非短期的利益。

马云创业的时候和今天的大多数创业者一样，需要不断地去说服投资人。为了生存、发展，创始人持有的股权会越来越少。因此，在实行同股不同权制度的证券市场，创始人或创始团队为了避免自己的控制权被削弱，通常会采用一系列复杂的股权和公司制度设计以保证自己的控制权。常见的措施有分期分级的董事会（Staggered Board，在这一设计下，董事会的董事平均分为若干组，不同组的董事换届时间不同，以此保证股东大会每次只能变更少数董事），发行每股表决权不同的 A、B 两类股票的双重股权制度，要求公司股东给予公司管理层不可撤销的表决权代理授权制度等。这样一来，即使公司不断引进机构投资而稀释创始团队的股权，创始团队仍然能够控制普通多数或绝对多数的投票权。[①]

阿里巴巴在创业初期，互联网并不被看好，融资非常困难，不得不以牺牲较多股权的代价引进战略投资人。因此，软银和雅虎作为战略投资人，持有阿里巴巴绝对多数的股权。

战略投资人不同于一般的财务投资人，战略投资人通常会对公司管理层施加长久影响，以实现自己的投资目的。

今天，我们看到阿里巴巴的股权架构就会明白当初阿里巴巴为了生存和发展实际上是赌上了创始团队的全部家当。

阿里巴巴合伙人制度的核心在于公司章程中设置有关董事提名权的特殊条款。要成为阿里巴巴集团的董事，必须经过这些合伙人的提名前置程序。如果阿里巴巴合伙人提名的候选人没有获得股东大会的批准，或现任董事离职，阿里巴巴合伙人有权指定其他人选担任临时董事直至下一次年度股东大会。这样的制度设计就保证董事会中一定比例的董事必须是合伙人所认可的人。

根据阿里巴巴的招股说明书，阿里巴巴合伙人候选人的规定相当具有弹性，给予创始团队选任阿里巴巴合伙人很大的自主权，但也造成信息不透明，容易形成“内部人控制”的情况。同时，阿里巴巴合伙人有

---

① 香港交易所在经过阿里巴巴弃港股赴美上市后，于2017年12月15日修订了《香港联合交易所有限公司证券上市规则》，推出表决权差异化安排的同股不同权制度。

2019年1月30日，中国证监会和上海证券交易所发布了《科创板首次公开发行股票注册管理办法（试行）》和《上海证券交易所科创板股票上市规则（征求意见稿）》正式推出科创板上市企业表决权差异安排的同股不同权制度。

权提名董事会过半数的董事席位人选，并交由股东大会投票通过；如果股东大会否定阿里巴巴提名的董事，阿里巴巴则有权指定一名临时董事履行董事义务，直至下一次年度股东大会召开时重选相应董事席位。这样一来，股东对董事的选任权被阿里巴巴合伙人制度架空，阿里巴巴合伙人指定的董事牢牢掌握阿里巴巴集团董事会过半数席位，决定公司的经营事项，而不用担心恶意收购或者股东之间达成一致行动人协议架空董事会，使得公司管理层丧失对公司的控制权。

这样的安排规避了双重股权制度，但对于创始团队的控制权方面，它达到了比双重股权制度更好的效果。创始团队不再需要拥有大量股权以控制董事会，而是直接通过掌握董事会简单多数人选的提名权和临时董事的决定权而控制董事会，创始团队的持股数量可以远低于同股同权下获得董事会席位所需的最低数量。这不仅便于融资，也构筑了反恶意收购的屏障。对于坚持同股同权的证券市场，如中国香港，这一制度虽然回避了同股不同权的分级股权制度，但仍然无法通过香港交易所的审查，理由在于仅持有公司少数股份的阿里巴巴合伙人可以决定公司董事会简单多数人选，这属于内部人控制的情形，不仅损害大股东利益，也可能损害中小股东的利益。阿里巴巴最终没有改变合伙人制度而是甘愿承担风险，选择在美国这一监管更为严格、中小股东诉讼更为频繁的证券市场上市，可见创始团队对公司控制权的重视。

那么，满足什么样的条件才能成为阿里巴巴合伙人呢？

根据在纽交所上市的招股说明书中披露的内容，阿里巴巴合伙人有五项资格要求：

（1）合伙人必须在阿里巴巴服务满5年。

（2）合伙人必须持有公司股份，且有限售要求。

（3）由在任合伙人向合伙人委员会提名推荐，并由合伙人委员会审核同意其参加选举。

（4）在一人一票的基础上，超过75%的合伙人投票同意其加入，合伙人的选举和罢免无须经过股东大会审议或通过。

（5）合伙人还要符合两个弹性标准：对公司发展有积极贡献；高度认同公司文化，愿意为公司使命、愿景和价值观竭尽全力。

根据2014年5月阿里巴巴向美国证监会递交的招股书，阿里巴巴合伙人共计28名；阿里巴巴于2014年6月更新了招股书，其合伙人减至27名，其中22人来自管理团队，4人来自阿里小微金融服务集团（其中两人兼任阿里巴巴和阿里小微金融服务集团的管理职务），1人来自菜鸟网络科技有限公司；2014年9月，阿里巴巴合伙人再次调整，新增3名合伙人，总人数增至30名。阿里巴巴合伙人制度并未固定人数，名额将随着成员变动而改变且无上限，除马云和蔡崇信为永久合伙人外，其余合伙人的地位与其任职有关，一旦离职则退出合伙人关系。

4. 合伙制度架构解读

（1）合伙人的主要类别

①普通合伙人：符合阿里巴巴资格条件，享有权利并履行义务的合伙人。

②永久合伙人：是一种特殊的合伙人，特殊之处在于不需要服从普

通合伙人60岁自动退休和离开阿里巴巴就自动退出两种条款的约束，目前阿里巴巴永久合伙人仅有马云和蔡崇信两人。

③荣誉合伙人：由合伙人委员会在退休的普通合伙人中选举产生，没有普通合伙人的权利，但是可以获得奖金池的部分分配。合伙人会因为年龄、个人意愿、合伙人委员会的决定等因素成为其他的类别，或者退休。

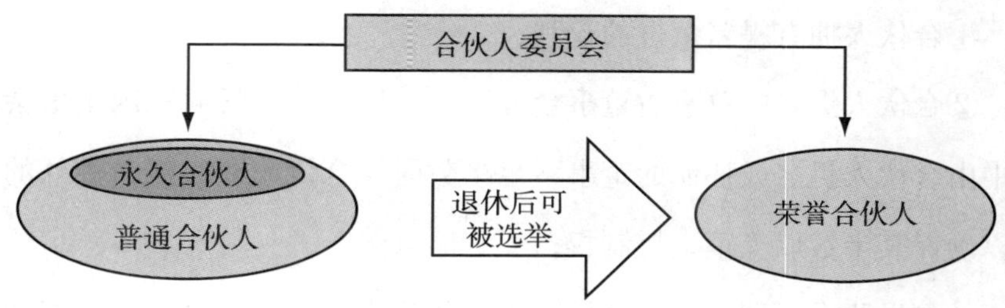

（2）合伙人的进入、退出机制

①进入机制：成为普通合伙人必须符合规定的条件，通过现有合伙人提名并投票，得到75%以上的现有合伙人支持，最后由合伙人委员会确认才能成为正式合伙人。永久合伙人不仅有被选举出来这一种方式，还可由退休的或者在职的永久合伙人指定。荣誉合伙人从退休合伙人中选举产生，基本遵循普通合伙人的加入程序。

②退出机制：退出机制有生理机制、自愿机制、员工机制和除名机制。特殊的永久合伙人没有60岁自动退休和离开阿里巴巴工作两种情形限制。荣誉合伙人本身就是退休后的合伙人，无法行使合伙人特权，仅享受奖金池部分分配，因此没有特定的退出机制。

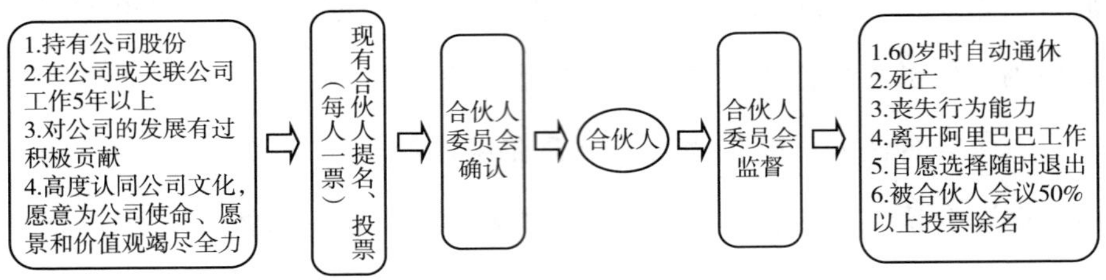

普通合伙人加入、退出机制

（3）合伙人的提名权和任命权

①合伙人拥有提名董事的权利；

②合伙人提名的董事占董事会人数一半以上，因任何原因董事会成员中由合伙人提名或任命的董事不足半数时，合伙人有权任命额外的董事以确保其半数以上董事控制权；

③如果股东不同意选举合伙人提名的董事，合伙人可以任命新的临时董事，直至下一年度股东大会；

④如果董事因任何原因离职，合伙人有权任命临时董事以填补空缺，直至下一年度股东大会。

阿里合伙人的提名权和任命权可视作阿里创始人及管理层与大股东协商的结果，通过这一机制的设定，阿里合伙人拥有超越其他股东的董事提名权和任免权，控制董事人选，进而决定公司的经营运作。

（4）合伙人的奖金分配权

阿里巴巴招股书对合伙人的奖金分配作了阐述。阿里巴巴集团每年会向包括公司合伙人在内的公司管理层发放奖金。该奖金是属于税前列支。这意味着合伙人的奖金分配权将区别于股东分红权，股东分红是从税后利润中予以分配，而合伙人的奖金分配将作为管理费用处理。

（5）合伙人的义务——减持限制

①合伙人任职期间需持有本人上任前股票的60%以上（即减持不得超过40%）；

②任职期满后3年内需持有本人上任前股票的40%以上。

（6）合伙人委员会的构成和职权

合伙人制度的核心是合伙人委员会。合伙人委员会负责管理合伙人、组织合伙人选举工作和提议、执行阿里巴巴高管年度奖金池分配。目前，合伙人委员会有5个委员——马云、蔡崇信、陆兆禧、彭蕾和曾鸣。合伙人委员会的职权包括：

①审核新合伙人的提名并安排其选举事宜；

②推荐并提名董事人选；

③将薪酬委员会分配给合伙人的年度现金红利分配给非执行职务的合伙人。

合伙人委员会委员实施差额选举，任期3年，可连选连任。

5. 阿里巴巴合伙人制度之创新与优势

为确保合伙人制度长期稳定执行，阿里巴巴做了一些安排。

（1）从规则上增加合伙人制度变更的难度

阿里巴巴合伙人制度变更须通过董事会批准和股东大会表决两重程序。

从董事会层面看，任何对于阿里巴巴合伙协议中关于合伙人关系的宗旨及阿里巴巴合伙人董事提名权的修订必须经过多数董事的批准，且该等董事应为纽交所《公司管理规则》303A 中规定的独立董事，对于合伙协议中有关提名董事程序的修改则须取得独立董事的一致同意。

从股东大会层面看，根据上市后修订的公司章程，修改阿里巴巴合伙人的提名权和公司章程中的相关条款，必须获得出席股东大会的股东所持表决票数 95% 以上同意方可通过。

（2）与大股东协议巩固合伙人控制权

阿里巴巴合伙人与软银、雅虎达成一整套表决权约束协议，以进一步巩固合伙人对公司的控制权。根据阿里巴巴的招股书，上市公司董事会共 9 名成员，阿里巴巴合伙人有权提名简单多数（即 5 人），如软银持有阿里 15% 及以上的股份，软银有权提名 1 名董事，其余 3 名董事由董事会提名委员会提名，前述提名董事将在股东大会上由简单多数选举产生。根据前述表决权约束协议，阿里巴巴合伙人、软银和雅虎将在股东大会上以投票互相支持的方式，确保阿里巴巴合伙人不仅能够控制董事会，而且能够基本控制股东大会的投票结果。

协议约定：

①软银承诺在股东大会上投票支持阿里巴巴合伙人提名的董事当选，未经马云及蔡崇信同意，软银不会投票反对阿里巴巴合伙人的董事提名。

②软银将其持有的不低于阿里巴巴 30% 的普通股投票权置于投票信托管理之下，并受马云和蔡崇信支配。鉴于软银有一名董事的提名权，因此马云和蔡崇信将在股东大会上用其所拥有和支配的投票权支持软银提名的董事当选。

③雅虎将动用其投票权支持阿里巴巴合伙人和软银提名的董事当选。

阿里巴巴合伙人制度，不仅直接保证了董事会——阿里巴巴创始团队的控制权，也保证了企业文化和企业价值观得以长青。

那么，与美国纽交所上市的网络、科技公司的双重股权制度相比，阿里巴巴合伙人制度的优势在哪里呢？至少有以下几个方面。

（1）选任董事的弹性指标的灵活优势

双重或多重股权制度相对明确地限定了享有特种股票权益的主体范围、股票所附投票权等权益的比例等，而合伙人制度则存在弹性，成为合伙人量化指标只有工作5年以上并持有公司股份两个要求，而其他所谓的“具备优秀的领导能力，高度认同公司文化，并且对公司发展有积极性贡献，愿意为公司文化和使命传承竭尽全力”的规定更多的是一个相对模糊和笼统的提法，为选举和任命新合伙人预留了灵活把握的空间。

（2）反稀释效果更强

尽管双重股权制度赋予特种股票持有人更多的投票权，但这种投票权数量依然与其所持有的特种股股份数量挂钩，只是在比例上大于普通股的配比。相反，阿里巴巴合伙人制度则斩断了这种联系。只要合伙人持有公司股份，则其投票权不受任何股份数额的影响，消除了股份稀释的威胁，便于创始人和管理层更长期稳定地控制公司。

（3）获得额外的奖金激励

双重股权制度赋予特种股持有人更多的投票权，但该等股东并不因此就享有超越其所持股份的红利分配权。换言之，特种股股东并不能获得比按同比例持股的普通股股东更多的分红收益，除非章程或协议中作出相反的规定。但根据阿里巴巴合伙人制度，阿里巴巴每年会向包括合伙人在内的公司管理层发放奖金，并作为税前列支事项处理（在管理费用科目中计提）。

（4）避免法学界对于双重股权制度的诟病

从双重股权制度本身来看，代表同一资本额度的股份被人为地分割成两种或者多种类型，并被赋予不同的权利，造成资本和权利的分离，这与公众公司资合性的特征矛盾，造成股东地位的不平等。

从双重股权的现实状况来看，双重股权结构在资本市场的解读已倾向于保护创始人或管理层，抑或是管理层与私募投资者的利益，通过在公开发行股份并上市前的计划安排或妥协，以牺牲公开市场投资者股东权益为代价，形成的股份权益分级安排。公开市场投资者往往处于不利的地位，由于股东权益特别是投票权的限制，其能选择的反对方式通常只是用脚投票。这也被很多国家或地区的证券市场视为对股东的差别歧视，是不平等的表现，因而不予采纳。

因此在形式上，阿里巴巴通过合伙人制度的设计可以避免被直接归入双重股权制度的境地，便于通过合伙人制度进行权利分配及实现企业文化传承。

6. 阿里巴巴合伙制对国内创业及其他企业进入资本市场的启示

阿里巴巴合伙制最大的特点是创始股东、管理层以小博大，持有很少的公司股权，但是实现了管理层实际经营、控制公司发展的目的。

阿里巴巴的制度设计有其特殊的互联网创业背景，其突破《中华人民共和国公司法》资本多数决也只是一个创新的个案。今天的事业合伙制，多数是借鉴阿里巴巴合伙制的架构和治理机制，演变为更加符合中国民营企业的股权激励模式。例如，阿里巴巴的合伙人遴选机制、进入和退出机制、激励机制、分配机制、决策机制，都为今后企业推行事业合伙制提供了很好的借鉴。

第二节　万科的事业合伙人制度及架构解读

1. 万科的事业合伙人制度

“宝万之争”前，对于万科，最吸引企业界的莫过于其正在实施的万科合伙人制度。从万科公开披露的管理层持股信息和年报可知，万科的合伙制度开始于2014年年初。

根据万科披露的合伙人持股公告信息，2014年4月25日，深圳市盈安财务顾问企业（有限合伙）（以下简称“盈安合伙”）成立。其中：深圳市盈安财务顾问有限公司出资500万元；上海万丰资产管理有限公司出资500万元；华能贵诚信托有限公司出资140,000万元（员工经济利润奖购买信托计划）。

2014年5月28日，代表万科1320名事业合伙人的盈安合伙向万科出具告知函，盈安合伙通过证券公司的集合资产管理计划，购入万科A股股份35,839,231股，占公司总股本的0.33%。至2015年1月27日，集合资管计划共持有万科A股股份494,277,819股，占公司总股本的4.48%。此后，万科管理层并没有再增持万科股票。没有继续增持的原因有很多，如超过5%会触及举牌红线、宝能举牌提高了增持成本、打乱了原先的增持计划、增持资金存在缺口等。

从万科公开披露的年报可以看出，万科事业合伙人制度是公司为进一步激发经营管理团队的主人翁意识、工作热情和创造力，强化经营管理团队与股东之间共同进退的关系，为股东创造更大的价值，于2014年推出的。

2014年4月23日，万科召开事业合伙人创始大会，共有1320名员工自愿成为万科首批事业合伙人，其中包括在万科任职的全部8名董事、监事、高级管理人员。事业合伙人均签署《授权委托与承诺书》，将其在集体奖金（经济利润奖）账户中的全部权益委托给盈安合伙的一般合伙人进行投资管理，包括引入融资杠杆进行投资；同时承诺在集体奖金所担负的返还公司的或有义务解除前，以及融资本息偿付完成前，该部分集体奖金及衍生财产统一封闭管理，不兑付到个人。

2. 万科的事业合伙人架构解读

事业合伙人的推出目的是推动公司全体员工实现共创、共享到共担的变革。

万科的事业合伙人计划是基于经济利润奖金而创设的制度。作为中国最早全面采用经济利润作为核心考核指标的企业之一，万科意识到，股权投资是有成本的，而且其成本远远高于债权资本。只有扣除股权投资机会成本之后的经济利润，才是公司为股东创造的真正价值。2010 年推出经济利润奖金制度以来，万科全面摊薄净资产收益率水平逐年上升，2013 年上升到 19.66%，这是万科 20 年来的高位。但之后公司股价的波动让万科管理层进一步意识到，股东不仅希望公司重视回报率，也希望管理层重视股价。管理层没有能力改变资本市场的偏好和波动，但至少要让股东意识到，在股价问题上，管理团队和他们是利益一致、同甘共苦的。

2014 年，万科推出事业合伙人持股计划和项目跟投制度，万科骨干团队从此跟随股东成为公司的投资者。无论持股计划还是项目跟投，都引入杠杆。这意味着，事业合伙人团队将承受比股东更大的投资风险。

共创、共享是职业经理人和事业合伙人与股东关系中的共同点。但是，共担是事业合伙人与职业经理人最大的区别所在。在存在浮动薪酬、奖金制度和股权激励的情况下，职业经理人不能坐享高收入，而需通过自己的经营才能与股东共创事业、共享收益，但事业合伙人却将与股东的关系提升到新的高度：共担事业风险，一荣俱荣、一损俱损。

当同时存在共创、共享和共担机制的时候，管理团队的利益便与股东的利益高度一致。这样的制度下，团队将更真切、更直接地感受到经营的好坏，也会更加关心这一点。2014 年，万科城市公司在投资上变得更加谨慎，公司团队为提升效率、减少浪费做了大量创新和努力，专业壁垒正在被打破。团队成员不仅关心自己的工作内容，也开始关心他们所看到的其他情况。这种自我激励和相互管理比一切严密的“他律”制度更加有效。

事业合伙人制度培养的不仅是忠于职守的职业经理，更是具备企业家精神和企业家才能的经营者。在创业的过程中，没有其他任何资源比这二者更加重要。

无论从现有业务的效率、效益提升角度来看，还是从新业务的创新、创业来看，事业合伙人制度都是重要的基础和保障。未来它可能作为企业管理机制的一次重要提升而被载入商业史册。

公司推出项目跟投机制后，对于 2014 年 4 月 1 日后所有新增项目，除旧改及部分特殊项目外，原则上要求项目所在一线公司管理层和该项目管理人员必须跟随公司一起投资，公司董事、监事、高级管理人员以外的其他员工可自愿参与跟投。

截至 2017 年 2 月底，万科累计已有 308 个项目实施跟投。跟投项目从获取到首期开工、首期开盘以及现金流回正的平均时间明显缩短，营销费用率也得到有效控制。

下图为项目跟投机制的一般架构：

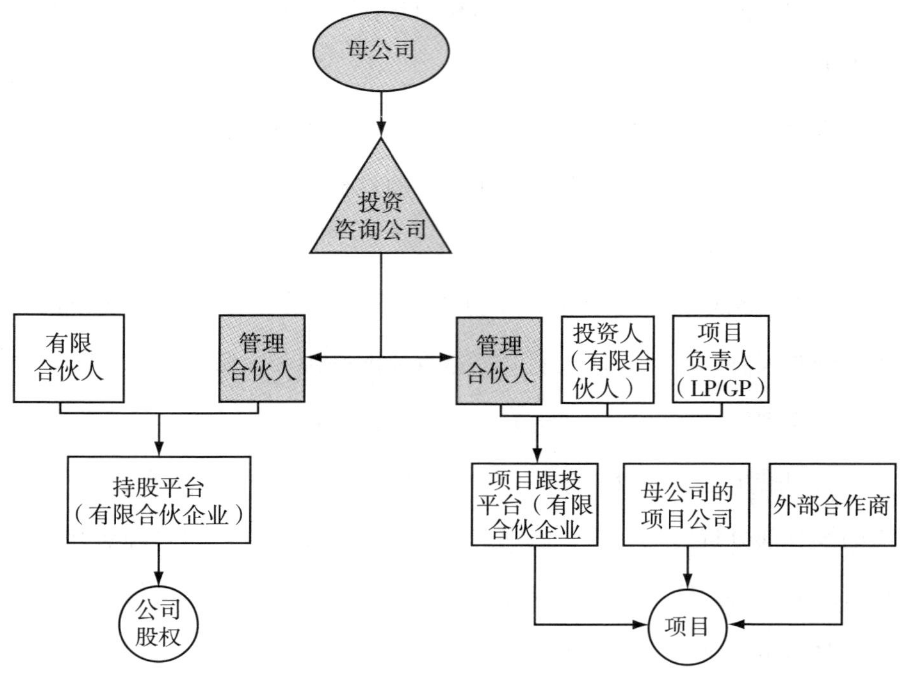

3. 万科合伙制对国内创业及其他企业进入资本市场的启示

万科的事业合伙制和项目跟投机制是真正意义上深入领会了《中华人民共和国合伙企业法》和《中华人民共和国公司法》的精髓。作为一家受人尊敬的上市公司，万科一直是中国房地产行业的标杆，无论顶层的合伙人（管理层）持股计划还是底层的项目跟投机制，都为后来很多上市公司的合伙人计划所借鉴。

第三节 绿地集团的合伙人制度及架构解读

1. 绿地集团（600606）的合伙人制度

绿地集团借壳金丰投资成功在中国A股上市，最引人注意的地方在于其混合制下的管理层持股方案。绿地集团第一大股东为管理层持股平台，管理层持股平台是由32家有限合伙企业构成的，成功地将绿地集团982名合伙人通过有限合伙的架构搭建成功。

绿地集团职工持股会共有成员982人，合计持有绿地集团出资额376,655.21万元，占绿地集团股权比例的29.09%。为解决职工持股会的持股问题，绿地集团依一定步骤采取了规范措施。

（1）绿地集团管理层43人出资10万元共同设立一家管理公司——上海格林兰投资管理有限公司（以下简称格林兰投资）。

管理公司设立情况如下：

2014年1月，经全体股东作出股东会决议，同意设立格林兰投资，注册资本10万元，于公司设立时一次性缴足。2014年1月27日，格林兰投资取得了上海市工商局颁发的《营业执照》。

格林兰投资基本情况

公司名称	上海格林兰投资管理有限公司
公司类型	有限责任公司（国内合资）
公司注册地	上海市青浦区北青公路9138号1幢3层K区320室
法定代表人	张玉良
注册资本	10万元
营业执照注册号	310118002938241
经营范围	投资管理，资产管理，实业投资，创业投资，企业管理咨询，投资咨询。（经营项目涉及行政许可的，凭许可证件经营）

（2）全体持股会成员与上述管理公司格林兰投资成立32家有限合伙企业（简称小合伙企业）：上海格林兰壹投资管理中心（有限合伙）至上海格林兰叁拾贰投资管理中心（有限合伙）。其中，格林兰投资作为小合伙企业的普通合伙人，全体持股会会员作为小合伙企业的有限合伙人。

小合伙企业设立情况如下：

格林兰投资与职工持股会成员分别签署《上海格林兰壹投资管理中心（有限合伙）合伙协议书》至《上海格林兰叁拾贰投资管理中心（有限合伙）合伙协议书》，同意共同出资设立上海格林兰壹投资管理中心（有限合伙）至上海格林兰叁拾贰投资管理中心（有限合伙）。

上海格林兰壹投资管理中心（有限合伙）至上海格林兰叁拾贰投资管理中心（有限合伙）均取得上海市工商局颁发的《营业执照》：

序号	小合伙企业	普通合伙人	GP 出资额（万元）	LP 出资额（万元）
1	上海格林兰壹投资管理中心（有限合伙）	格林兰投资	0.1	519.85
2	上海格林兰贰投资管理中心（有限合伙）	格林兰投资	0.1	114.20
3	上海格林兰叁投资管理中心（有限合伙）	格林兰投资	0.1	103.35
4	上海格林兰肆投资管理中心（有限合伙）	格林兰投资	0.1	135.76
5	上海格林兰伍投资管理中心（有限合伙）	格林兰投资	0.1	39.73
6	上海格林兰陆投资管理中心（有限合伙）	格林兰投资	0.1	221.68
7	上海格林兰柒投资管理中心（有限合伙）	格林兰投资	0.1	121.52
8	上海格林兰捌投资管理中心（有限合伙）	格林兰投资	0.1	15.75
9	上海格林兰玖投资管理中心（有限合伙）	格林兰投资	0.1	184.29
10	上海格林兰壹拾投资管理口心（有限合伙）	格林兰投资	0.1	25.05
11	上海格林兰壹拾壹投资管理中心（有限合伙）	格林兰投资	0.1	37.51
12	上海格林兰壹拾贰投资管理中心（有限合伙）	格林兰投资	0.1	31.41
13	上海格林兰壹拾叁投资管理中心（有限合伙）	格林兰投资	0.1	37.94
14	上海格林兰壹拾肆投资管理中心（有限合伙）	格林兰投资	0.1	55.69
15	上海格林兰壹拾伍投资管理中心（有限合伙）	格林兰投资	0.1	14.76
16	上海格林兰壹拾陆投资管理中心（有限合伙）	格林兰投资	0.1	54.18
17	上海格林兰壹拾柒投资管理中心（有限合伙）	格林兰投资	0.1	51.09
18	上海格林兰壹拾捌投资管理中心（有限合伙）	格林兰投资	0.1	42.22
19	上海格林兰壹拾玖投资管理中心（有限合伙）	格林兰投资	0.1	61.64
20	上海格林兰贰拾投资管理中心（有限合伙）	格林兰投资	0.1	112.91
21	上海格林兰贰拾壹投资管理中心（有限合伙）	格林兰投资	0.1	27.46
22	上海格林兰贰拾贰投资管理中心（有限合伙）	格林兰投资	0.1	87.13
23	上海格林兰贰拾叁投资管理中心（有限合伙）	格林兰投资	0.1	52.89
24	上海格林兰贰拾肆投资管理中心（有限合伙）	格林兰投资	0.1	81.51
25	上海格林兰贰拾伍投资管理中心（有限合伙）	格林兰投资	0.1	96.55
26	上海格林兰贰拾陆投资管理中心（有限合伙）	格林兰投资	0.1	162.55
27	上海格林兰贰拾柒投资管理中心（有限合伙）	格林兰投资	0.1	288.76

续表

序号	小合伙企业	普通合伙人	GP 出资额（万元）	LP 出资额（万元）
28	上海格林兰贰拾捌投资管理中心（有限合伙）	格林兰投资	0.1	125.02
29	上海格林兰贰拾玖投资管理中心（有限合伙）	格林兰投资	0.1	324.66
30	上海格林兰叁拾投资管理中心（有限合伙）	格林兰投资	0.1	238.58
31	上海格林兰叁拾壹投资管理中心（有限合伙）	格林兰投资	0.1	72.51
32	上海格林兰叁拾贰投资管理中心（有限合伙）	格林兰投资	0.1	221.59
合计		-	3.2	3,759.74

（3）格林兰投资以及32家小合伙企业共同出资再组建设立一家有限合伙企业（简称大合伙企业）——上海格林兰。

大合伙企业设立情况如下：

2014年2月，格林兰投资与上海格林兰壹投资管理中心（有限合伙）至上海格林兰叁拾贰投资管理中心（有限合伙）共同签署了《上海格林兰投资企业（有限合伙）合伙协议书》，由上海格林兰作为普通合伙人，上海格林兰壹投资管理中心（有限合伙）至上海格林兰叁拾贰投资管理中心（有限合伙）合计32家小合伙企业作为有限合伙人，共同设立上海格林兰投资企业（有限合伙），出资额为3 766.54万元，其中格林兰投资出资6.8万元，32家小合伙企业合计出资3 759.74万元。

（4）大合伙企业上海格林兰设立后，通过吸收合并职工持股会的方式承继职工持股会的全部资产、债权债务及其他一切权利与义务。

（5）大、小合伙企业及其全体合伙人委托管理公司格林兰投资及投资管理委员会全权代表参与制定和实施具体的上市计划并完成有关工作。

上海格林兰出资情况

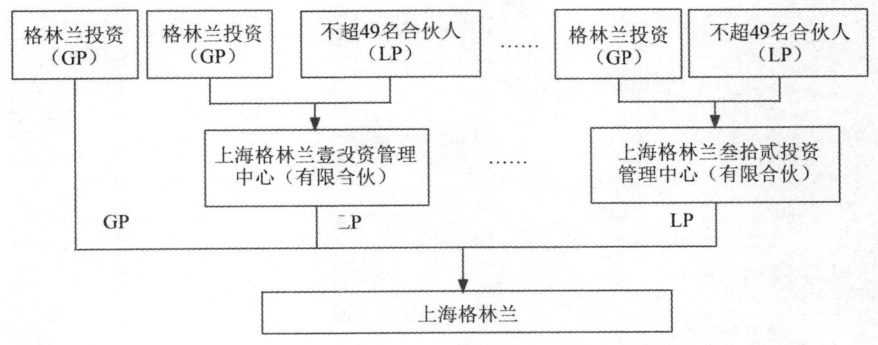

2. 绿地集团合伙人架构的启示

绿地集团合伙人架构本质上是穿透后超过200人的持股平台，但是它的真正价值在于解决历史上工会或者职工持股会的问题。

第五章

事业合伙制运作模式及架构设计

第一节　有限合伙持股的平台架构设计

通过有限合伙企业设立持股平台进行股权激励是当下合伙人制度及股权激励的典型模式，其基本架构为：实际控制人作为普通合伙人（实践中，为了避免实际控制人承担无限连带责任，实际控制人选择成立一家一人有限责任公司或者绝对控股的有限责任公司来做普通合伙人）与拟进行股权激励的对象共同设立一个有限合伙企业。其基本的股权架构有三种。

方案一：实际控制人作为普通合伙人，公司管理层团队、核心技术人员作为有限合伙人的平台架构。

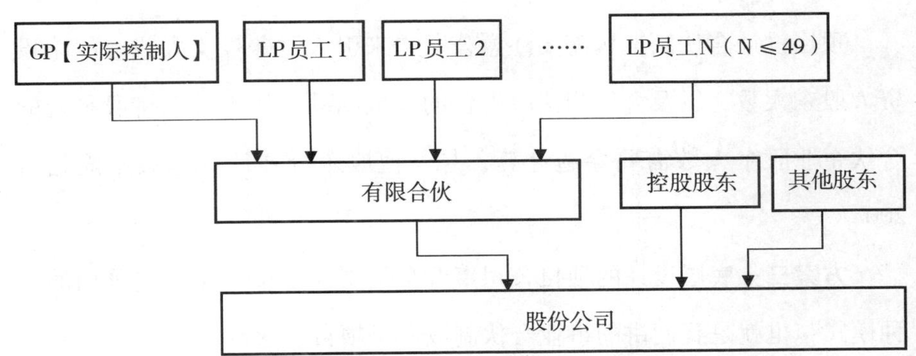

方案二：实际控制人设立绝对控股的有限公司作为普通合伙人，公司管理层团队、核心技术人员作为有限合伙人

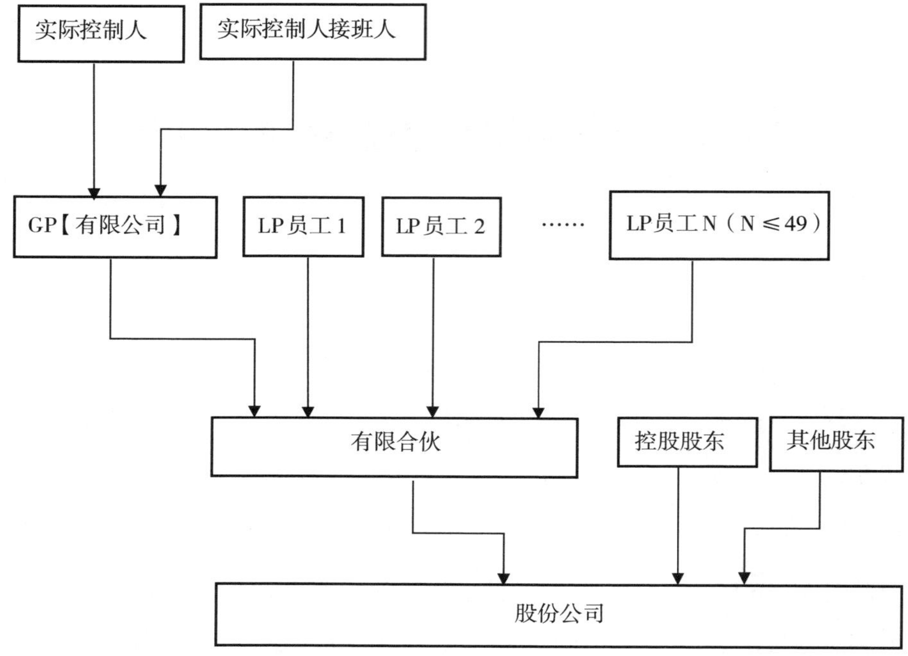

上述两种股权结构的顶层设计是拟上市企业、创业公司搭建合伙制，实施股权激励的典型模式。

顶层设计合伙制架构需要注意公司未来引入财务投资人或者战略投资人股东人数，以及合伙制持股平台的人数问题。作为员工持股平台的合伙企业股东人数需要穿透计算，与其他股东合并计算总数不能超过200人。

方案三：底层设计的项目公司事业合伙制（上市公司普遍采用的一种模式，也就是我们讲的事业合伙制或者是项目合伙制）。

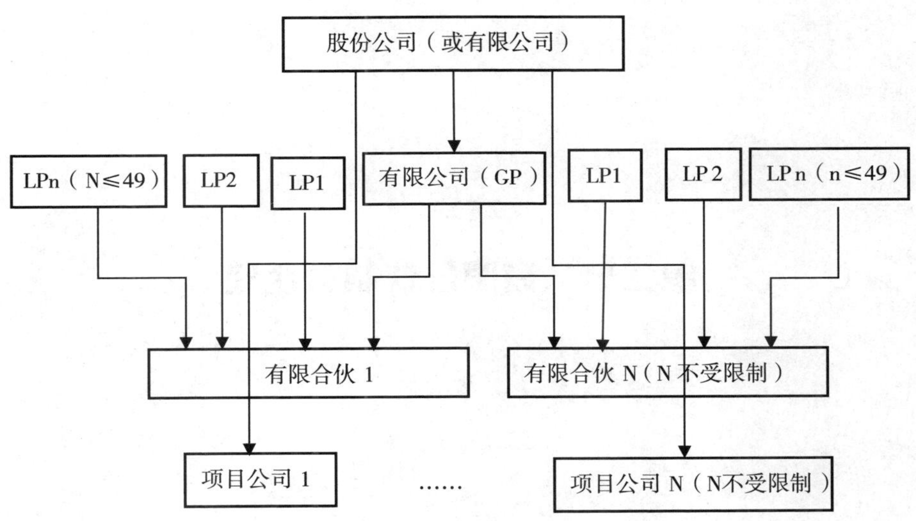

上述3种事业合伙制架构是根据公司发展阶段和实际需要在现有的《中华人民共和国公司法》和《中华人民共和国合伙企业法》下的制度设计。适用什么模式，顶层设计和底层设计完全可以根据公司需要进行系统规划。

第二节 有限合伙制度比较

事业合伙制建立在有限合伙的基础上，因此，期望构建事业合伙制就需要熟练地运用《中华人民共和国合伙企业法》，熟悉合伙制的制度架构，熟悉普通合伙人和有限合伙人的权利义务、职责边界。下表是在《中华人民共和国合伙企业法》框架下对有限合伙企业中的普通合伙人与有限合伙人作的一个制度比较。

事项	普通合伙人	有限合伙人
对外转让出资	除合伙协议另有约定外，合伙人向合伙人以外的人转让其在合伙企业中的全部或者部分财产份额时，须经其他合伙人一致同意。 合伙协议可以约定，普通合伙人向合伙人以外的人转让其在合伙企业中的全部或者部分财产份额时，无须经其他合伙人一致同意。	合伙协议可以约定有限合伙人向合伙人以外的人转让份额应当经普通合伙人同意。
重大事项决策权	除合伙协议另有约定外，合伙企业的下列事项应当经全体合伙人一致同意： （一）改变合伙企业的名称； （二）改变合伙企业的经营范围、主要经营场所的地点；	合伙协议可以约定该等事项由普通合伙人决定，或者半数以上合伙人同意。

续表

事项	普通合伙人	有限合伙人
重大事项决策权	（三）处分合伙企业的不动产； （四）转让或者处分合伙企业的知识产权和其他财产权利； （五）以合伙企业名义为他人提供担保； （六）聘任合伙人以外的人担任合伙企业的经营管理人员。	
财产份额流转的限制	一般无限制。	根据股权激励需要设定限售条件等。
执行合伙事务	执行合伙事务，并可以要求在合伙协议中确定执行事务的报酬及报酬提取方式。	有限合伙人不执行合伙事务，不得对外代表有限合伙企业。
丧失偿债能力	当然退伙。合伙协议可以另行约定。	无须退伙。合伙协议可以另行约定。
丧失民事行为能力	经其他合伙人同意可以转为有限合伙人，若仅剩有限合伙人的，合伙企业应当解散。	其他合伙人不得因此要求其退伙。合伙协议可以另行约定。
作为合伙人的自然人死亡、被依法宣告死亡或者作为合伙人的法人及其他组织终止	当然退伙，若仅剩有限合伙人的，合伙企业应当解散。合伙协议可以另行约定。	继承人或者权利承受人可以依法取得该有限合伙人在有限合伙企业中的资格。合伙协议可以另行约定。
合伙企业债务清偿	对合伙企业的所有债务承担无限连带责任。	以其认缴的出资额为限对合伙企业的所有债务只承担有限责任。
自然人死亡、被依法宣告死亡或者作为法人及其他组织终止	一般情况下，实际控制人设立公司担任普通合伙人。	一般情况下通过合伙协议约定由有限合伙人的继承人取得对应的合伙权益。

续表

事项	普通合伙人	有限合伙人
退伙限制	一般不退伙。	根据平台公司情况约定退伙条件。
自然人被依法认定为无民事行为能力人或者限制民事行为能力人的	一般情况下，实际控制人设立公司担任普通合伙人。	其他合伙人不得因此要求其退伙。
服务期	不需要。	可根据实际情况约定服务期。
新合伙人入伙	新合伙人入伙，除合伙协议另有约定外，应当经全体合伙人一致同意，并依法订立书面入伙协议。	有限合伙人入伙，合伙协议可以约定由普通合伙人决定。
除名权	具有对有限合伙人的除名权（合伙协议约定情形出现）。	因故意或者重大过失给合伙企业造成损失；发生合伙协议约定的事由。
退伙后对基于其退伙前的原因发生的合伙企业债务承担	承担无限连带责任。	以其退伙时从有限合伙企业中取回的财产承担责任。

通过上述比较，我们不难发现，合伙制的精髓在于普通合伙人中的执行事务合伙人参与管理，而有限合伙人不参与管理的制度优势，为我们量身定制了实际控制人作为执行事务合伙人实际从事管理而管理层作为激励对象的有限合伙制激励平台。这样的平台实际上就是以创始股东作为决策者，管理层作为事业合伙人持有股权，能够快速作出决策而不影响创始股东实际控制权的合伙模式。

第三节 子公司项目跟投机制的合伙人计划模式（爱尔眼科）

子公司项目跟投机制的事业合伙制，实际上是本书所介绍的事业合伙制的底层设计，这种模式完全可以按照项目的多少进行设计，而不受项目多少的限制，但每一个项目的合伙人不超过50人。

因此，这种模式深受房地产、民办医院、民办学校以及需要在各地设立子公司的企业青睐。

1. 爱尔眼科医院集团股份有限公司“合伙人计划”①

爱尔眼科医院集团股份有限公司“合伙人计划”是指符合一定资格的核心技术人才与核心管理人才作为合伙人股东与爱尔眼科医院集团股份有限公司共同投资设立新医院（含新设、并购及扩建）。在新

① http://www.cninfo.com.cn/information/companyinfo_n.html?fulltext?szcn300015，2017年10月13日最后访问。

医院达到一定的盈利水平后，公司依照相关证券法律、法规，通过发行股份、支付现金或两者结合等方式，以公允价格收购合伙人持有的医院股权。

公司通过“合伙人计划”的制度性安排，对新医院的治理结构进行战略性调整，改变核心医生执业的生态环境，推动组织效能升级，实现院际间资源共享的聚合效应，形成共创共赢的“合伙人文化”，从而为公司实施创新发展战略和业务倍增计划提供强有力的引擎。

（1）“合伙人计划”的发展背景

①2013 年 9 月，国务院发布《关于促进健康服务业发展的若干意见》，明确到 2020 年健康服务业总规模达到 8 万亿以上的发展目标。2013 年 12 月，国家卫计委、国家中医药管理局发布《关于加快发展社会办医的若干意见》，党的十八届三中全会鼓励社会办医的指示精神加快落实，社会办医的生存环境逐步改善，中国医疗行业面临前所未有的发展机遇。

医疗水平的稳步提高使市场重心不断下移，医疗机构向地市、县域延伸渠道，进一步贴近基层患者，成为行业的发展趋势。与此同时，随着医师多点执业的有序推进，优质医疗资源的横向、纵向流动将不断加快。拥有更多执业平台、更好激励措施的医疗机构，将在未来市场竞争中占据主动地位。

②爱尔眼科成立 11 年来，已经在品牌、人才、网络、资本市场等方面形成先发优势。公司必须抓住这个历史性机遇，进行二次创业，大力提高技术水平和管理效率，不断完善分级连锁模式，加快以地级市为

重点的基层网络建设，配套创新人才战略和激励机制，以进一步分享医疗改革红利，在未来5年内连锁网点覆盖大部分省份60%以上的地级城市，从而实现“2020年收入100亿”的发展目标。

（2）“合伙人计划”的实施

①实施方式

“合伙人计划”采取有限合伙企业的实施方式。公司下属子公司作为合伙企业的普通合伙人，负责合伙企业的投资运作和日常管理。

核心人才作为有限合伙人出资合伙企业，享有合伙协议及章程规定的权利，履行相应的义务。公司对合伙人进行动态考核，包括其本职岗位的工作业绩及作为合伙人的尽责情况。

合伙企业可视各省市区新医院投资的进展情况分期设立。合伙企业成立后，与公司或爱尔并购基金共同设立新医院。

②管理组织

为确保计划管理到位、推进有序、激励有效，公司总部应设立合伙的实施细则及实施进度，审批、督导各省市区的计划方案。

各省市区成立计划实施小组，负责拟定并实施本地计划方案，对合伙人履职情况进行动态考核。

③资格认定

以下人员可以纳入本计划：

对新医院发展具有较大支持作用的上级医院核心人才；

新医院（含地州市级医院、县级医院、门诊部、视光中心）的核心人才；

公司认为有必要纳入计划及未来拟引进的重要人才；

公司总部、大区、省区的核心人才。

公司授权“合伙人计划”领导小组决定具体名单。

④投资与出资额分配

合伙企业的出资规模依据新医院的数量及投资总额确定。新医院将由公司或爱尔并购基金与合伙企业共同出资设立，股权比例由公司根据各家新医院的实际情况决定。

合伙人在各自额度内认缴出资。在设立地级医院时，省区医院及总部的合伙人按照各地级市新医院的投资进度分期出资，地级市医院的合伙人在各自所在医院设立时一次性出资到位。

在设立县级医院（含门诊部、视光诊所）时，地级市医院的合伙人按照各县级新医院的投资进度分期出资到位，县级市医院合伙人在所在医院注册成立时一次性出资到位。

（3）“合伙人计划”的收益分配与权益转让

①收益分配

合伙企业经营期限一般为 3 至 5 年。若因项目实际需要，可延长或缩短经营期限。

为了体现公司对合伙企业的支持，普通合伙人对合伙企业不收取管理费。合伙企业在取得收益并扣除各项运营成本、费用后，按照各合伙人的出资比例分配利润。

②权益转让

在合伙企业存续期间，若发生合伙人离职、被辞退或开除等情形，其所持合伙企业权益必须全部转让；

合伙人在公司任职期间，有权转让其部分或全部合伙权益；

合伙人在出现退休、丧失工作能力或死亡等情形时，其合伙权益可以转让，也可以由亲属继承。

在上述情况下，全体合伙人一致同意：合伙权益的受让人仅限于普通合伙人及其同意的受让人（现任或拟任合伙人）。

2. 北京嘉寓门窗幕墙股份有限公司“合伙人计划”[①]

北京嘉寓门窗幕墙股份有限公司“合伙人计划”是指符合一定资格的核心技术人才与管理团队作为合伙人股东与北京嘉寓门窗幕墙股份有限公司以增资子公司的方式，成为嘉寓股份子公司股东。在子公司达到一定的盈利水平后，公司依照相关证券法律、法规，通过发行股份支付现金或两者结合等方式，以约定的 PE 倍数或者公允价格收购合伙人持有的子公司股权。

公司通过“合伙人计划”的制度性安排，对子公司的治理结构进行战略性调整，对内部经营模式进行变革，形成共创共赢的合伙人制度，以进一步提升公司治理水平，做大做强产业，扩大国内门窗幕墙市场份额，完善公司薪酬激励机制，充分调动公司区域管理层及员工的积极性，有效地将公司股东利益、公司利益和员工个人利益结合，从而通过各方共同努力，促进嘉寓股份可持续地高速发展，最终实现嘉寓股份的

---

① http://www.cninfo.com.cn/cninfo-new/disclosure/szse_gem/bulletin_detail/true/1202797367? announceTime = 2016 - 10 - 28，2018 年 8 月 31 日最后访问。

中长期战略目标。

（1）“合伙人计划”具体方案

嘉寓股份“合伙人计划”的实施步骤和实施方式分三个阶段。

①第一阶段：合伙企业持股平台设立。

子公司的管理团队成员设立有限合伙企业作为管理团队的持股平台，各子公司的管理团队成员作为合伙人出资到合伙企业享有合伙协议约定的权利，履行相应的义务。公司对合伙人进行半年度、年度考核，包括其本职岗位的工作业绩及作为合伙人的尽责情况。

②第二阶段：合伙企业以增资的方式对嘉寓股份子公司进行增资扩股，持有33%的股权。

对价确定原则：以2015年12月31日经过审计评估后的净资产产值或者评估值（孰高原则）为基数。

合伙企业增资的缴付期限及方式：合伙企业以现金对子公司增资，嘉寓股份将另行与合伙企业签订《增资扩股协议》《业绩承诺及补偿协议》《合作经营协议》等配套协议。

③第三阶段：合伙企业持有子公司33%股权的退出机制。

在业绩承诺期结束后，由有资格的会计师事务所出具正式的标准无保留意见的《审计报告》。根据《审计报告》结果，如子公司完成承诺业绩，实现2016~2019年目标净利润，则嘉寓股份有不可撤销的义务，从2019年开始，以上一年度净利润12倍PE对价（净利润×12×33%）或者公允价值，分期或者一次性收购合伙企业所持有的33%股权。如果经审计的净利润超过目标净利润100%，第一期收购合伙企业所持有的股权不超过16.5%。

（2）合伙人资格认定

①子公司的核心管理人员、技术人员；

②公司认为有必要纳入“合伙人计划”及未来拟引进的重要人才。

（3）“合伙人计划”下的管理模式

①子公司设董事会，由3名董事组成，嘉寓股份提名2名董事，合伙企业提名1名董事，董事会及股东大会的议事规则遵循《中华人民共和国公司法》《中华人民共和国证券法》等相关法律法规的规定；财务负责人由嘉寓股份委派，以总经理为代表的合伙企业股东作为核心经营团队负责具体经营。

②管理团队及子公司根据《中华人民共和国证券法》《深圳证券交易所创业板股票上市规则》及《深圳证券交易所创业板上市公司规范运作指引》的相关规定，遵守嘉寓股份内控管理（包括但不限于财务管理制度、资金管理制度、合同管理制度、对外担保决策程序、信息披露制度、内幕交易防控制度等）各项制度，根据上市公司的要求，规范运作。

③在子公司增资扩股后，子公司核心团队在5年内保持稳定，未经子公司及嘉寓股份书面许可，不与子公司发生关联交易，并严格遵守竞业禁止的规定，不从事任何与子公司业务同类或者相似的且与子公司存在竞争关系的经营活动。

④关于资金保障：嘉寓股份全力支持子公司的经营发展，为子公司提供不高于当年新增合同额10%的资金支持（含新注册的公司注册资本金），支持方式为现金、银行承兑汇票、商业承兑汇票、提供担保，不

包括保函。合伙企业以其持有的子公司33%的股权提供反担保。

⑤属于嘉寓股份或嘉寓集团的土地、厂房、办公及配套用房，子公司按照使用面积，由子公司以当地市场价格租赁使用，自行承担相应面积的土地使用税费及房产税。

生产设备根据嘉寓股份年审会计师的审计评估价值租赁使用。

为确保计划管理到位、推进有序、激励有效，嘉寓股份设立“合伙人计划”领导小组，由董事长担任组长，总裁担任副组长，相关高级管理人员与职能部门负责人作为小组成员；主要职能是制定计划的实施细则及实施进度，审批、督导各区域的计划方案。

公司成立计划实施小组，负责拟定并实施本区域的具体计划方案及实施细则，对合伙人履职情况进行半年度、年度考核。

（4）“合伙人协议”下的出资额度与收益分配

①出资额度

合伙企业根据对子公司的出资额度，按照“公平公正、利益共享、风险共担”的原则，对各合伙人的出资额度进行分配。合伙人在各自额度内认缴出资。具体子公司增资额度以《增资扩股协议》约定的金额为准。

②收益分配

合伙企业经营期限一般为6～10年。根据子公司实际运营情况，可延长或缩短经营期限。

为了体现公司对合伙企业的支持，普通合伙人对合伙企业不收取管理费。合伙企业在取得股权回购后的收益并扣除各项运营成本、费用后，按照各合伙人的出资比例分配利润。

3.《四川蓝光发展股份有限公司“蓝色共享”员工事业合伙人管理办法（试行）》(2017 年 12 月修订)[1]

第一章　总　则

第一条　四川蓝光发展股份有限公司（以下简称“蓝光发展”、“公司”）根据《中华人民共和国公司法》、《中华人民共和国证券法》等有关法律、法规及公司章程制定了《四川蓝光发展股份有限公司“蓝色共享”员工事业合伙人管理办法（试行）》（以下简称“本办法”）。

第二条　为了充分地激励公司房地产项目运营团队的积极性，激发公司管理层员工的主人翁意识和企业家精神，进一步提升获取项目的质量和项目运营效率，制定本办法。

第三条　本办法将项目经营结果和跟投合伙员工的个人收益直接挂钩，不设本金保障及收益保证机制，践行公司“一起创造，勇于担当，共同分享”的核心发展理念。

第二章　管理机构

第四条　公司股东大会负责本办法的批准和变更。

第五条　公司“共享”领导小组会议根据相关法律法规和本办法制

① http://www.cninfo.com.cn/new/disclosure/detail? plate = &orgId = gssh0600466&stockCode = 600466&announcementId = 1204219987&announcementTime = 2017 - 12 - 14，2018 年 1 月 3 日最后访问。

定相应的执行细则并报董事长批准后组织实施。

第六条 “共享”领导小组下设日常管理机构，负责解决本办法实施落地的难点技术问题及日常执行中的相关工作。

第三章 跟投合伙项目

第七条 跟投合伙项目为2017年2月27日后首次开盘销售的项目。

第八条 如出现因政策、环境、合作或其他事项导致在本办法规定的跟投合伙项目公司范围内的个别项目不适合跟投的情况，经公司“共享”领导小组会议审核并报公司董事长批准后，可不实施本办法。

第四章 跟投合伙人

第九条 跟投合伙员工分为强制合伙人和自愿合伙人。

第十条 强制合伙人范围

（一）总部一级职能部门中心总经理级及以上人员；

（二）区域公司及城市公司经营班子人员、其他关键人员（包括但不限于营销负责人、工程负责人、设计负责人、成本负责人、财务资金负责人、项目负责人等）；

（三）其他由“共享”领导小组会议确认的需要强制合伙的员工。

第十一条 自愿合伙人范围

（一）总部正式员工可自愿参与项目跟投合伙；

（二）区域公司、城市公司及与项目经营直接相关的正式员工，可自愿参与项目跟投合伙。

第十二条 区域合伙平台持有的项目公司股权比例限额内，首先满足强制合伙人的投资；满足强制合伙人的跟投后如有剩余股权比例的，方可由自愿合伙人进行跟投。

第十三条 “共享”领导小组会议批准各项目的具体投资方案（包括强制合伙人及自愿合伙人、跟投合伙额度等）。

第十四条 公司董事长不参与项目跟投合伙。

第十五条 跟投合伙资金由项目合伙人自行筹集。公司不向其提供任何借款或担保。

第五章 投资架构与额度

第十六条 跟投合伙员工通过有限合伙企业进行投资。公司董事、监事及高级管理人员通过一个有限合伙企业投资公司全部的跟投合伙项目；其他总部员工通过一个有限合伙企业投资公司全部的跟投合伙项目；区域公司跟投合伙员工通过区域设立的一个有限合伙企业投资其区域范围内的全部跟投合伙项目。

第十七条 计算合伙平台在跟投项目公司的股权占比时，以项目现金流（含融资）归正周期内，股东自有资金平均投资额作为项目公司的总股本金额核算股权占比。

第十八条 总部合伙平台和区域合伙平台合计持有的项目公司股权比例合计不超过15%；每个跟投合伙项目中的单个跟投合伙员工持有的项目公司股权比例原则上不超过1.5%，如需超过的须经过“共享”领导小组会议特别批准。

第十九条 总部合伙平台和区域合伙平台按照本办法投入资金后，不再承担追加投资的责任。合伙平台以其实际投入资金的额度为限，承担项目公司经营风险和亏损风险。

第二十条 总部及区域合伙平台按照股权比例投资合伙项目。项目公司的股本金以及合伙平台对项目公司的股权比例等具体事项，在“共享”领导小组会议制定的实施细则中规定。

第二十一条 总部及区域的合伙平台资金闲置时，可将闲置资金借给蓝光地产集团，借款利息不超过公司同期平均借款利率成本。

第二十二条 总部及区域的合伙平台公司不能是项目公司的大股东，不参与项目公司管理、不向项目公司派驻董事及管理人员、不影响项目公司的对外合作、放弃项目公司股权的优先购买权。

第六章 出资管理及资金安排

第二十三条 强制合伙人和自愿合伙人资金的到位时间原则上在项目确权后 3 个月内完成。

第二十四条 部分特殊项目（如在本办法通过之前已获取的项目或由于土地出让的特殊安排等不适应本章的项目）的合伙平台投资资金到位时间由“共享”领导小组会议决定。

第二十五条 项目公司因开发经营所需资金不足部分，可由各股东提供股东借款，也可对外融资。项目公司对外融资的，各股东按工商注册持股比例提供担保。

第二十六条 项目公司若有闲置资金，在保证项目后续开发中现金流持续为正，并充分考虑项目经营风险及项目合作方（若有）同意后，并经蓝光地产集团财务管理中心批准，各股东可根据股权比例调用部分闲置资金。

第七章 分配管理

第二十七条 项目公司在累计净现金流量为正数，并保证项目运营所需资金、充分考虑项目经营风险后（外部合作项目需要经合作方同意，）经“共享”领导小组会议批准，项目公司向各股东（含合伙平台）归还债权资金。

第二十八条 项目分期开发的，已结算完毕的批次可进行利润分配。项目公司累计净现金流量为正数，并保证项目运营所需资金、充分考虑项目经营风险后，如项目公司产生利润并符合项目公司利润分配的相关规定，经项目公司股东会通过，项目公司可向各股东（含合伙平台）分配利润。项目清算时，合伙平台按照第十七条规定的股权占比享受分红或承担亏损。

第八章 退出管理

第二十九条 有限合伙企业退出启动时点：跟投合伙项目公司全部地上可售面积的销售率（已售地上面积/全部可售地上面积）达到90%时，或按照《四川蓝光发展股份有限公司募集资金管理制度》决定将项目作为募集资金投资项目时，为有限合伙企业退出启动时点。

第三十条 退出启动时点发生后，总部合伙投资平台或区域合伙投资平台可将其所持项目公司股权转让给公司，退出跟投的项目公司。

第三十一条　合伙平台退出跟投合伙项目时，未售部分可选择独立评估机构按照市场公允价值确定未售物业价值，具体评估方法在执行细则中明确，最终报“共享”领导小组确定。

第三十二条　“共享”领导小组会议有权决定推迟退出启动时点，原则上推迟时间最多不超过6个月；特殊情况需要延长退出时间的，由“共享”领导小组会议确定。

第三十三条　有限合伙企业持有项目公司股权的收购事项、收购价格等由“共享”领导小组会议批准确定。

第九章　离职及调动

第三十四条　员工与公司终止劳动关系，必须退出其参与的合伙投资平台投资，退出时按照其投入资金占项目股东总投入的比例享受利润和承担亏损，退出股权的收购事项、收购价格等在执行细则中确定，最终由“共享”领导小组会议批准确定。

第三十五条　调动人员参与到岗后所在合伙平台投资的，可以选择保留或退出其在调动前合伙投资平台的份额。

第十章　附　则

第三十六条　本办法自公司股东大会审议通过后生效，并由公司董事会负责解释。

第四节　母公司作为持股平台的合伙人持股计划模式（美的模式）

直接在公司股东层面设置合伙人持股计划实际上是对一般意义上的股权激励模式的优化和调整。

一般意义上，有限公司阶段主要采用有限合伙的持股模式做股权激励，上市公司主要采用直接定向增发的方式对员工进行股权激励。

但是，一般意义上的股权激励已经不能满足当前企业发展和招揽人才的需求。因此，将一般意义上的股权激励优化为一种更加紧密的共享、共担、共赢的事业合伙制顺应了公司、股东和员工的需求。

下面是美的集团股份有限公司合伙人持股计划。①

1. 持股计划参与人员及份额

美的集团自2013年上市以来，公司以“产品领先、效率驱动、全

① http://www.cninfo.com.cn/information/companyinfo_n.html? fulltext? szmb000333，2017年10月13日最后访问。

球经营”三大战略主轴为指引，深化转型，聚焦产品力与效率提升，企业盈利能力与经营质量持续增强。公司的核心管理团队是保障公司战略执行、业绩提升的决定力量，本期持股计划对象不超过以下范围：

（1）公司的总裁、副总裁；

（2）公司下属事业部及经营单位的总经理；

（3）对公司经营与业绩有重要影响的核心责任人。

本期持股计划的总人数为 15 人，其中公司总裁、副总裁 5 人（含兼任事业部总经理人员 2 人），公司下属事业部及经营单位总经理和其他高级管理人员 10 人。各持有人所对应的标的股票权益的额度及比例需在各期持股计划项下公司业绩考核指标达成之后，根据上一年度公司、事业部与经营单位业绩目标的达成情况及考核结果方可确定，届时公司将会另行公告。

2. 持股计划的资金来源、股票来源和规模

本期持股计划的资金来源为公司计提的持股计划专项基金，持股计划专项基金依据各期计划上一年度经审计合并报表净利润的一定比例计提，本期持股计划计提的专项基金为 9,900 万元，约占公司 2016 年度经审计的合并报表净利润的 0.6%。

持股计划投资范围为购买和持有美的集团的股票，股票来源为二级市场购买。

在有效期内的各期持股计划所持有的股票总数累计不超过公司股本

总额的10%，任一持有人持有的持股计划份额所对应的标的股票总数累计不超过公司股本总额的1%。

累计标的股票总数不包括持有人在公司首次公开发行股票上市前获得的股份、通过二级市场自行购买的股份及通过股权激励获得的股份。

本期计提的持股计划专项资金的总额为9,900万元。鉴于目前实际购买标的股票的日期、价格等存在不确定性，持股计划本期持有的股票数量尚不确定。

管理委员会将根据上一年度公司、事业部与经营单位业绩目标的达成情况及考核结果确定持有人对应的标的股票额度并将该等确定的对应的标的股票额度分3期归属至持有人。如存在剩余未分配标的股票及其对应的分红（如有）将全部归公司所有。

3. 参与方式及计划期

（1）参与方式

本期持股计划存续期内，公司以配股、增发、可转债等方式融资时，由本期持股计划的管理委员会商议是否参与融资及资金的解决方案，并提交本期持股计划的持有人会议审议。

（2）计划期

①持股计划的存续期

本期持股计划存续期为自公司董事会审议通过之日起4年，存续期届满后，可由管理委员会提请董事会审议通过后延长。

②标的股票的锁定期

标的股票的锁定期为不少于12个月，自公告完成标的股票购买起计算。法定锁定期满后，本期持股计划将严格遵守市场交易规则，遵守中国证券监督管理委员会、深圳证券交易所关于信息敏感期不得买卖股票的规定。

③持股计划的变更

存续期内，持股计划重大实质性变更须经出席持有人会议的持有人所持2/3以上份额同意，并提交公司董事会审议通过。

④持股计划的终止

本期持股计划在存续期满后自行终止，也可由持股计划管理委员会提请董事会审议通过后延长。

4. 持股计划股份权益的归属及处置

（1）持股计划股份权益的归属

本期持股计划项下公司业绩考核指标达成之后，将根据上一年度公司、事业部及经营单位业绩目标的达成情况及考核结果确定持有人对应的标的股票额度，并将该等确定的对应的标的股票额度分3期归属至持有人，每期归属的具体额度比例仍将根据各持有人考核结果确定。具体分配按相应规则分期归属至持有人。

①公司考核年度的业绩考核指标达成之后，根据考核年度公司、事业部及经营单位业绩目标的达成情况及考核结果确定持有人对应的标的股票额度，并将该等确定的标的股票额度的40%标的股票权益进行归属。

②持有人第一期标的股票权益归属完成之日起，满一年（12 个月）后，将该等确定的标的股票额度的 30% 标的股票权益进行归属。

③持有人第一期标的股票权益归属完成之日起，满二年（24 个月）后，将该等确定的标的股票额度的 30% 标的股票权益进行归属。

第一期及第二期归属给持有人的标的股票权益的锁定期为自该期标的股票权益归属至持有人名下之日起至第三期标的股票权益归属至持有人名下之日为止，第三期归属给持有人的标的股票权益自归属至持有人名下之日起即可流通，无锁定期。

本期持股计划项下的公司业绩考核指标为 2017 年度加权平均净资产收益率不低于 20%。

如本期持股计划存在剩余未分配标的股票权益及其对应的分红（如有）将全部归公司所有。

若本期持股计划下的公司业绩考核指标达成且持有人在每个归属期的考核结果均达标，则持有人方可以享有该期持股计划项下按照上述规则归属到其名下的标的股票权益；若本期持股计划项下的公司业绩考核指标未达成，则本期持股计划项下标的股票权益均全部归属于公司享有，所有持有人不再享受本期持股计划项下的标的股票权益。

本持股计划涉及的主要事项的预计时间安排如下（若实际时间有调整，则以实际时间为准）①：

---

① 公司将依据相关规定，在持股计划完成标的股票的购买及分期归属时发布持股计划的实施及进展公告。

预计时间	主要事项	备注
2017 年 3 月 29 日	董事会审议持股计划	–
2017 年 5 月 ~2017 年 7 月	持股计划购入标的股票	持股计划在 3 个月内完成标的股票购买
2018 年 5 月	根据公司、事业部与经营单位业绩目标的达成情况及考核结果，确定持有人对应的标的股票额度，并确定持股计划第一个归属期中 40% 标的股票权益的归属情况	若公司业绩考核指标未达成，则该期持股计划项下的标的股票权益均归公司享有
2019 年 5 月	确定持股计划第二个归属期中 30% 标的股票权益的归属情况	–
2020 年 5 月	确定持股计划第三个归属期中 30% 标的股票权益的归属情况；归属至持有人的所有标的股票权益锁定期届满，可予以出售	–

（2）持股计划股份权益的归属处理方式

持有人按照本持股计划确定的规则完成各期标的股票权益归属后，由管理委员会委托资产管理机构集中出售归属锁定期届满的标的股票，将收益按持有人归属标的股票额度的比例进行分配。如存在剩余未分配的标的股票及其对应的分红（如有），也将统一由资产管理机构出售，收益归公司所有。

公司实施本期持股计划的财务、会计处理及税收等问题，按相关法律、法规及规范性文件执行。持有人因参加持股计划所产生的个人所得税，应将股票售出扣除所得税后的剩余收益分配给持有人。

持有人与资产管理机构须严格遵守市场交易规则，遵守中国证券监督管理委员会、深圳证券交易所关于信息敏感期不得买卖股票的规定。

（3）持股计划股份权益处置

①持股计划标的股票权益归属至持有人前，计划持有人和持股计划均不享有投票权和表决权，标的股票权益按照本期持股计划规定进行归属后，与其他投资者权益平等。

②资产管理机构购买标的股票后的分红收益归持有人所有，并按持有人根据本期持股计划确定的其所对应的标的股票的额度比例进行分配。

③在本期持股计划存续期内，持有人发生如下情形之一的，管理委员会无偿收回持有人根据考核情况对应的全部标的股票权益（无论该等权益是否已经分期归属给持有人），并有权决定分配给其他持有人：

· 触犯“公司红线”；

· 锁定期内离任，离任审计过程中被发现任内有重大违规事项；

· 存在管理委员会认定的严重违反公司内部管理制度等其他损害公司利益的情形。

（4）持有人的变更和终止

①持股计划存续期内，持有人职务发生变更或离职，以致不再符合参与持股计划人员资格的，由管理委员会无偿收回持有人在本期持股计划下的标的股票权益（无论该等权益是否已经分期归属给持有人）。该等收回的标的股票权益将全部归公司所有。

②持股计划存续期内，持有人符合相关政策且经公司批准正常退休，且在归属锁定期届满前未从事与公司相同业务的投资及任职，其未归属的持股计划标的股票权益在归属锁定期届满后由资产管理机构全额卖出后分配给该持有人。

③持股计划存续期内，持有人发生重大疾病离职或因公丧失劳动能力或因公死亡的，由管理委员会决定其未归属的持股计划标的股票权益的处置方式，在归属锁定期届满后，由资产管理机构全额卖出后分配给该持有人或其合法继承人。

④持股计划存续期内，除上述情形之外，因其他情形导致存在未归属的持股计划标的股票权益的，未归属的标的股票权益由管理委员会无偿收回或决定分配给其他持有人。

5. 持股计划的管理模式

通过持有人会议选出管理委员会，对持股计划的日常管理进行监督，代表持有人行使股东权利或者授权管理机构行使股东权利，执行具体持股计划。

（1）管理模式

本期持股计划由资产管理机构通过专门的资产管理计划购买标的股票。

（2）持有人会议职权

持有人会议由全体持有人组成，行使如下职权：

· 选举和更换员工持股管理委员会成员；

· 审议持股计划的重大实质性调整；

法律法规或中国证券监督管理委员会规定的持股计划持有人会议可以行使的其他职权。

（3）管理委员会

①持股计划设管理委员会，对持股计划负责，是持股计划的日常监督管理机构。

②管理委员会由3名委员组成，设管理委员会主任1人。管理委员会委员均由持有人会议选举产生。管理委员会主任由管理委员会以全体委员的过半数选举产生。管理委员会委员的任期为该期持股计划的存续期。

首期管理委员会委员及主任延续为本期持股计划的管理委员会委员及主任。

③除应由持有人大会审议的事项外，其余事项均由管理委员会审议，具体如下：

· 依据持股计划审查确定参与人员的资格、范围、人数、额度；

· 制定及修订持股计划管理办法；

· 根据公司的考核结果决定持有人权益（份额）；

· 持股计划法定锁定期及归属锁定期届满，办理标的股票出售及分配等相关事宜；

· 参加股东大会，代表持股计划行使股东权利，包括但不限于表决权、提案权、分红权；

· 持股计划的融资方式、金额以及其他与持股计划融资相关的事项；

· 其他日常经营管理活动。

（4）持有人会议召集程序

①持有人会议由管理委员会主任负责召集和主持，管理委员会主任不能履行职务时，由其指派一名管理委员会委员负责召集和主持。

②召开持有人会议，管理委员会应提前3天将书面会议通知，通过直接送达、邮寄、传真、电子邮件或者其他方式，提交给全体持有人。

③书面会议通知应当至少包括以下内容：

· 会议的时间、地点；

· 会议的召开方式；

· 拟审议的事项（会议提案）；

· 会议召集人和主持人、临时会议的提议人及其书面提议；

· 会议表决所必需的会议材料；

· 持有人应当亲自出席或者委托其他持有人代为出席会议的要求；

· 联系人和联系方式；

· 发出通知的日期。

（5）持有人会议的表决程序

①每项提案经过充分讨论后，主持人应当适时提请与会持有人进行表决。主持人也可决定在会议全部提案讨论完毕后一并提请与会持有人进行表决，表决方式为书面表决。

②持有人持有的每份计划份额有一票的表决权。

③持有人的表决意向分为同意、反对和弃权。与会持有人应当从上述意向中选择其一，未做选择或者同时选择两个以上意向的，视为弃权；中途离开会场不回而未做选择的，视为弃权。

④每项议案如经提交有效表决票的持有人或其代理人所对应的计划份额的1/2以上同意则视为表决通过，形成持有人会议的有效决议。

6. 本计划管理机构的选任、管理协议条款

（1）持股计划管理机构的选任

持股计划的管理机构由管理委员会确定。

（2）管理协议的主要条款

· 资产管理计划名称；

· 当事人的权利义务；

· 委托资产；

· 委托资产的投资管理；

· 交易及交收清算安排；

· 资产管理业务的费用与税收；

· 委托资产投资于证券所产生的权益的行使；

· 其他事项。

第六章

事业合伙制股权激励对象的确定、定价机制、股份支付及绩效考核

第一节　事业合伙制股权激励之激励对象的确定

一般而言，股权激励着眼于未来5～10年公司发展战略的需要，激励对象应当是未来对公司发展起关键作用的人。

因此，事业合伙制的股权激励首先不是全员持股计划，不是企业对员工的一种福利。有些企业在做事业合伙制的股权激励时，企业家往往会根据其个人的判断，如员工的忠诚度、元老级员工，来决定股权激励对象和激励数量及价格。

但是，我们所做的激励是基于未来的，是要有业绩考核指标的，有忠诚度的员工和元老级员工固然重要，但是其不具有可量化性，往往会因为合伙制度的不公而产生管理上的新矛盾，出现股权激励的负反馈。

因此，在选择激励对象时，需要慎重对待忠诚的员工和元老级员工，既不能打消他们的积极性，又不能采用任人唯亲的管理模式。

如果可以通过职级、工作年限、业绩予以考量的，尽量不要用感情亲近作为股权激励对象的选择标准。对于忠诚的员工和元老级员工如果不适合作为激励对象，就要考虑给予其他的非事业合伙模式的激励措施。

一个公司真正起到关键作用的人才是有限的，并不是所有的岗位、所有的员工都需要通过事业合伙制进行股权激励。全员激励固然振奋人心，但是往往给员工一种福利企业的印象，起不到真正的激励效果。

一般而言，企业股权激励都是分批进行、逐步到位的，激励对象类型、激励理由和激励批次如下表所示：

第一层面	核心决策层	董事、总经理、副总经理、董事会秘书、财务总监（单独或合计持有公司5%以上股份的股东或实际控制人及其配偶、直系近亲属，不宜成为激励对象）	从战略上把握公司/事业部经营管理的方向，对公司/事业部经营业绩的达成起关键作用	第一批
第二层面	管理层/核心技术人员	部门经理、部长、主管	战略执行层面，维系整个公司系统高速运转的核心人才	第二批
第三层面	骨干层	骨干员工为满足下列条件之一者： ·年度综合考核成绩为A等； ·对公司有特殊贡献； ·掌握特殊技能，培养周期较长或培训投入较大； ·属于市场稀缺人才，招聘难度较大。	高附加值或难以取代	第三批

续表

注：

1. 上市公司股权激励对象一般按照下列方式认定：

（1）上市公司的董事（股东大会选举产生）；

（2）高级管理人员（公司章程约定，董事会聘任），如总经理、副总经理、财务总监、董事会秘书等；

（3）核心技术人员（董事会认定），一般是指信息科技企业等涉及研发的人员；

（4）核心业务人员（董事会认定），如企业的营销人员、合规人员、采购人员、人力资源培训人员、企划人员、中层管理人员等，企业业务类型不同，核心业务人员根据业务调整；

（5）公司认为应当激励的对公司经营业绩和未来发展有直接影响的其他员工（董事会认定）。

2. 不得参与上市公司股权激励的负面清单：

（1）上市公司独立董事（独立性考虑）；

（2）上市公司监事（监督机制，独立性考虑）；

（3）单独或合计持有上市公司 5% 以上股份的股东或实际控制人及其配偶、父母、子女（激励的效果考虑）；

（4）最近 12 个月被证监会、交易所等认定不适宜或者遭受处罚以及违反《中华人民共和国公司法》的（违规、作奸犯科不可以）；

（5）知悉内幕信息而买卖本公司股票的，不得成为激励对象，法律、行政法规及相关司法解释规定不属于内幕交易的情形除外（泄露内幕信息而导致内幕交易发生的，不得成为激励对象）。

第二节 事业合伙制股权激励之定价机制

企业搭建事业合伙制股权激励平台，除考虑激励对象的选择外，还有一个非常重要的问题就是股权激励的定价机制。有限公司阶段，企业做股权激励是基于公司实际控制人及全体股东的股东权益的让渡（如果不考虑股份支付问题，股权激励价格问题完全由股东决定）。

一般而言，企业进行股权激励主要参照以下方式对企业进行估值并作为股权激励的参考依据：

估值方法	估值方法要点
净资产	净资产价格是衡量股权激励是否做股份支付的最低界限，大多数未上市企业股权激励均参考净资产的价格，并以净资产和 PE 投资价格确定股权激励的价格
P/E 法（市盈率法）	目前在国内是比较常见的估值方法，计算公式为：公司价值 = 预测市盈率 × 公司未来 12 个月利润
P/B 法（市净率法）	市净率即市场价值与净资产的比值，或者说是每股股价与每股净资产的比值
P/S 法（市销率法）	市销率是市场价值与销售收入的比值

续表

估值方法	估值方法要点
PEG 法	是在 PE 估值的基础上发展起来的，弥补了 P/E 法对企业动态成长性估计的不足，关键是要对公司的业绩作出准确的预期，计算公式是：PEG＝（P/E）/企业年盈利增长率
DCF 法（现金流量折现法）	通常是企业价值评估的首选方法，即任何资产的价值等于其预期未来全部现金流的现值总和

对于传统行业，优先考虑 DCF 法、P/E 法；对于高新技术企业，首选 P/E 法。根据企业不同的发展阶段、不同的财务状况，如果企业正处于早中期发展阶段并且尚未实现盈利，较多地使用 P/S 法、P/B 法；如果已经实现盈利，则较多使用 P/E 法、DCF 法和 PEG 法；如果企业已经处于中后期发展阶段，此时公司往往已经实现盈利，而且各方面发展都比较成熟，此时较为普遍使用的是 P/E 法和 DCF 法。

选定估值方法后，就需要对股权激励对象行权价格进行确定，大多数企业在做股权激励时，主要参考公司净资产的价格进行定价。如果公司引进的 PE 价格和公司净资产价格相差较大，股权激励价格也可以考虑以净资产为基数，适当参考 PE 价格确定股权激励对象的行权价格。

1. 上市公司发行限制性股票定价原则

上市公司在授予激励对象限制性股票时，应当确定授予价格或授予价格的确定方法。授予价格不得低于股票票面金额，且原则上不得低于下列价格较高者：

（1）股权激励计划草案公布前 1 个交易日的公司股票交易均价的 50%；

（2）股权激励计划草案公布前20个交易日、60个交易日或者120个交易日的公司股票交易均价之一的50%。

上市公司采用其他方法确定限制性股票授予价格的，应当在股权激励计划中对定价依据及定价方式作出说明。

限制性股票授予日与首次解除限售日之间的间隔不得少于12个月。

在限制性股票有效期内，上市公司应当规定分期解除限售，每期时限不得少于12个月，各期解除限售的比例不得超过激励对象获授限制性股票总额的50%。

当期解除限售的条件未成就的，限制性股票不得解除限售或递延至下期解除限售。

2. 上市公司股票期权的定价原则

上市公司在授予激励对象股票期权时，应当确定行权价格或者行权价格的确定方法。行权价格不得低于股票票面金额，且原则上不得低于下列价格较高者：

（1）股权激励计划草案公布前1个交易日的公司股票交易均价；

（2）股权激励计划草案公布前20个交易日、60个交易日或者120个交易日的公司股票交易均价之一。

上市公司采用其他方法确定行权价格的，应当在股权激励计划中对定价依据及定价方式作出说明。

股票期权授权日与获授股票期权首次可行权日之间的间隔不得少于12个月。

在股票期权有效期内，上市公司应当规定激励对象分期行权，每期时限不得少于 12 个月，后一行权期的起算日不得早于前一行权期的届满日。每期可行权的股票期权比例不得超过激励对象获授股票期权总额的 50%。

当期行权条件未成就的，股票期权不得行权或递延至下期行权，并应当按照《上市公司股权激励管理办法》第 32 条第 2 款规定处理。

第三节 事业合伙制股权激励之股份支付

一般而言，企业往往在改制拟上市前进行最后一轮股权激励。对于拟上市企业进行股权激励时，需要考虑股份支付问题。

根据《企业会计准则第 11 号——股份支付》，股份支付是指企业为获取职工和其他方提供服务而授予权益工具或者承担以权益工具为基础确定的负债的交易。

股份支付实质上是将企业应当通过工资、奖金等发给员工的相关成本或费用通过权益性工具股权来实现。股份支付实质上对公司的净资产没有影响，但是对每股收益、未分配利润等指标有影响。

因此，从财务会计的角度，以权益结算的股份支付，是指企业为获取服务以股份或其他权益工具作为对价进行结算的交易。授予后立即可行权的换取职工服务的以权益结算的股份支付，应当在授予日按照权益工具的公允价值计入相关成本或费用，相应增加资本公积。在完成等待期内的服务或达到规定业绩条件才可行权的换取职工服务的以权益结算的股份支付，在等待期内的每个资产负债表日，应当以对可行权权益工具数量的最佳估计为基础，按照权益工具授予日的公允价值，将当期取得的服务计入相关成本或费用和资本公积。

判断是否构成以权益结算的股份支付，应把握两个条件。

（1）公司取得职工和其他方提供的服务

公司向员工（包括高级管理人员）、特定供应商等低价发行股份以换取服务的，应作为股份支付进行核算。

（2）服务有对价

一般情况下，基于股东身份取得股份，如向实际控制人增发股份，或对原股东配售股份；对近亲属转让或发行股份；高级管理人员原持有子公司股权，整改规范后改为持有发行人股份；这些情形与获取服务无关，不属于股份支付。

但是，下列情形构成股份支付。

（1）向公司高级管理人员、核心员工、员工持股平台或者其他投资者发行股票（增资）的价格明显低于市场价格或者低于公司股票（股权）公允价值的。

（2）股票（增资）发行价格低于每股净资产的。

（3）发行股票进行股权激励的（如拟上市公司设立持股平台的）。

公允价值的论述应当充分、合理。

（1）有活跃交易市场的，应当以市场价格为基础，并考虑波动性。

（2）无活跃交易市场的，可以参考如下价格：

①采用估值技术。估值方法应当符合《企业会计准则第 22 号——金

融工具确认和计量》中关于确定权益工具的公允价值的有关规定，并根据股份支付协议的条款进行调整。可以使用的估值方法包括现金流折现法、相对价值法以及其他合理的估值方法，也可聘请估值机构出具估值报告。企业应当根据具体条件恰当选择合理的评估方法，科学合理使用评估假设，并披露评估假设及其对评估结论的影响，形成合理评估结论。

②参考同期引入外部机构投资者过程中相对公允的股票发行价格，发行价格不公允的除外。例如，由于换取外部投资者为企业带来的资源或其他利益而确定不合理的发行价格应当被排除掉。

第四节 事业合伙制股权激励之绩效考核机制

对于以股票期权、虚拟股权或者激励基金等方式进行股权激励的，绩效考核就非常重要。一般而言，企业主要通过业绩对员工绩效进行考核。对于业绩考核主要以净利润、营业收入为基数，通过复合增长率进行考核。下表是上市公司股票期权激励模式的业绩考核模块。同时，本书通过两个上市公司案例系统介绍股票期权业绩考核的模式。

行权期	业绩考核目标
第一个行权期	N年度、N+1年度归属于公司股东的净利润及归属于公司股东的扣除非经常性损益的净利润均不得低于授权日前最近3个会计年度的平均水平且不得为负。N+1年净资产收益率不低于(　)%，以N年度净利润为基数，公司N+1年度净利润较N年复合增长率不低于(　)%；以N年度营业收入为基数，公司N+1年度营业收入较N年复合增长率不低于(　)%
第二个行权期	N+1年净资产收益率不低于(　)%，以N年度净利润为基数，公司N+1年度净利润较N年复合增长率不低于(　)%；以N年年度营业收入为基数，公司N+1年度营业收入较N年复合增长率不低于(　)%

续表

行权期	业绩考核目标
第三个行权期	N+1年净资产收益率不低于(　)%，以N年度净利润为基数，公司N+1年度净利润较N年复合增长率不低于(　)%；以N年度营业收入为基数，公司N+1年度营业收入较N年复合增长率不低于(　)%

1. 金地（集团）股份有限公司股票期权激励绩效考核案例

（1）考核组织职责分工

董事会薪酬与考核委员会负责组织和审核考核工作。

公司绩效管理小组（由公司人力资源部、经营管理部、计划财务部等相关职能部门人员组成）负责具体实施考核工作，负责相关考核数据的搜集和提供，并对数据的真实性和准确性负责。

（2）考核项目与指标

公司强调以高绩效为导向，对于考核对象以工作业绩为依据进行客观、公正的考核。

运用平衡记分卡（BSC），针对股权激励对象中的中高级员工，从财务、客户、内部流程与学习与成长4个维度考虑应关注的关键增值领域，将关键增值领域转化为可衡量的关键绩效指标。

①财务维度考核项目主要包括以下指标：净利润额、销售额/回款额、土地储备；

②客户维度考核项目主要包括以下指标：客户满意度；

③内部流程维度考核项目主要包括以下指标：营运管理、流程管理、开发能力提升；

④学习与成长维度考核项目主要包括以下指标：组织能力建设、人才培养。

对于股权激励对象中的其他员工，绩效指标主要来自两个方面：部门绩效指标的分解落实和本人所从事岗位工作职责的相关性指标。各岗位考核指标的目标值和权重由其上级领导确定。

激励对象在考核期内发生岗位变动的，考核指标跟随岗位变动，个人所获授期权数量不调整（如因个人原因被撤职、降职者除外）。年终统计时，前后岗位按照时间段确定权重汇总计算绩效等级。

各岗位考核指标参照公司相关体系年度考核方案制定。主要包括工作业绩、工作能力、工作态度等几个方面。

（3）绩效评价者及其评分权重

评价人 被评价人	董事会薪酬与考核委员会	董事长	总裁	主管领导	子公司/集团部门第一负责人
董事长	100%				
总裁	100%				
高级管理人员、董事会秘书、受薪董事	60%		40%		
子公司第一负责人、集团部门第一负责人	40%		30%	30%	
其他员工					100%

（4）绩效等级

关键绩效指标一般设有 3 个指标值：门槛值、目标值、挑战值。

①门槛值：门槛值是该绩效指标最低应达到的水平。未完成门槛值，绩效得分为D。

②目标值：目标值是该绩效指标在符合岗位要求的情况下应达到的水平。完成门槛值但未达成目标值，绩效得分为C。

③挑战值：挑战值是对超额完成该绩效指标的要求。并非所有的绩效指标都有挑战值，如果该指标的超额完成能够对公司绩效和战略目标有很大贡献，可以为该指标设置挑战值。完成目标值但未完成挑战值，绩效得分为B；完成挑战值，绩效得分为A。

（5）考核流程

①金地集团的绩效考核体系包括年度、季度、月度考核，与股权激励计划挂钩的绩效考核结果指的是年度业绩考核结果，即对员工年度工作完成情况进行的评定。

②每一考核年度由公司制定股权激励对象年度工作业绩目标，并与被考核对象签订年度业绩目标责任书。其中，董事、高级管理人员的业绩目标责任书需报公司董事会薪酬与考核委员会备案。

③年度考核由集团绩效管理小组负责具体考核操作，根据年度工作业绩目标的实际完成情况，集团绩效管理小组对被考核人的工作业绩进行评估，将评估结果报评价人，由评价人对被评价人进行绩效评价，并最终形成被评价人的年度绩效考核结果。其中，董事、高级管理人员的年度考核结果需报公司董事会薪酬与考核委员会备案。

④若激励对象的年度业绩考核结果为B以上（含B），则其当年绩效表现达到行权条件，可以申请当年标的股票的行权；若激励对象的年

度绩效考核结果为B以下，则其当年未达到行权条件，取消其当年标的股票的行权资格。

2. 用友软件股份有限公司股票期权激励绩效考核案例

（1）考核职责分工

公司董事会薪酬与考核委员会负责领导与审核考核工作；

公司董事会薪酬与考核委员会工作小组负责具体实施考核工作；

公司人力资源部、财务部等相关部门负责相关考核数据的搜集与提供，并对数据的真实性、可靠性负责。

（2）考核内容

职业素质、道德、态度、能力、团队精神、工作业绩等。

（3）考核形式

按照公司《绩效管理工作规范》的有关规定，结合公司对员工的绩效考核情况，采取年度业绩合同与关键业绩指标（KPI）等形式考核激励对象。

（4）考核周期

考核周期为一个完整会计年度。

（5）考核流程

在公司绩效考核流程的基础上，完善激励考核流程。

绩效管理	Ⅰ	Ⅱ	Ⅲ	Ⅳ
	计划	执行	评估	应用
定义	基于公司年度经营计划，在机构部门、岗位层面设定主要工作目标和业绩目标，并予以确认。年度以业绩合同方式确认，季度以 KPI 方式确认。	主管与下属就本周期工作计划进行沟通并达成一致，通过辅导和激励，帮助下属达成业绩目标。	在考核期末，主管与下属通过绩效评估和绩效面谈，对下属的业绩表现进行反馈，同时商定下一个考核周期的绩效目标。	根据绩效评估结果，实施激励与处罚措施。

（6）考核结果应用

考核等级	考核结果	考核应用
A +	优秀	符合绩效考核条件
A		符合绩效考核条件
B +	良好	符合绩效考核条件
B		符合绩效考核条件
C	尚待改进	不符合绩效考核条件
D	不胜任	不符合绩效考核条件

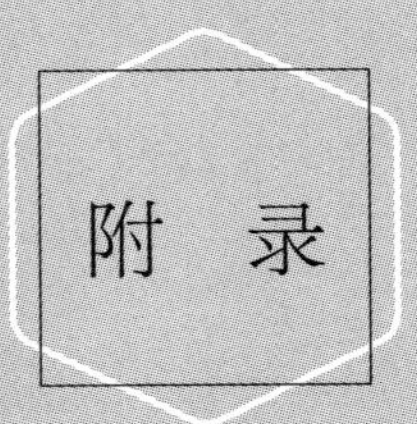

附 录

附录一　陈谨、深圳市富安娜家居用品股份有限公司合同纠纷再审审查与审判监督民事裁定书①

1. 案情介绍

2007 年 6 月 20 日，富安娜公司召开第一次临时股东大会，审议通过了《深圳市富安娜家居用品股份有限公司限制性股票激励计划（草案)》，同意富安娜公司以定向发行新股的方式，向高级管理人员及主要业务骨干发行 700 万股限制性股票，发行价格为人民币 1.45 元/股（以下币种均为人民币)。

该草案“特别提示”部分规定：“本限制性股票激励计划的期限为 4.5 年，包括禁售期 1.5 年、限售期 3 年。自激励对象获授限制性股票之日起 1.5 年（即 2007 年下半年及 2008 年度)，为限制性股票禁售

① http://wenshu.court.gov.cn/content/content? DocID = 89127f23 - 2a2d - 4b4d - b351 - a83100a90b7f&KeyWord = 深圳市富安娜家居用品股份有限公司，2018 年 9 月 1 日最后访问。

期。”第1条“释义”部分规定：“限制性股票指富安娜公司根据本计划授予激励对象的、转让受到限制的富安娜公司人民币普通股，以及因公司送红股或转增股本而新增的相应股份。”第10条“限制性股票的授予和解锁程序”部分规定：“激励对象在获授限制性股票后，享有与公司普通股股东相同的权利、承担相同的义务，但限制性股票的转让受本计划限制”。第11条“限制性股票的回购、再授予与注销”部分规定：“在本限制性股票禁售期和限售期内，激励对象因辞职而终止与公司的劳动关系时，公司有权根据公司上一年度经审计的每股净资产作价回购其所持限制性股票”，“激励对象因触犯法律、违反职业道德、泄露公司机密、失职或渎职等行为严重损害公司利益或声誉，公司有权根据限制性股票认购成本价回购其所持限制性股票”。

2008年3月4日，富安娜公司召开第一届董事会第九次会议，会议达成了《关于终止〈深圳市富安娜家居用品股份有限公司限制性股票激励计划（草案）〉的议案》，内容为：终止实施《深圳市富安娜家居用品股份有限公司限制性股票激励计划（草案）》，拟对109名激励对象所持有的700万股限制性股票做如下处理：给予限制性股票持有人股票回售选择权，对于放弃股票回售选择权的限制性股票持有人，其持有的限制性股票全部转换为同股数的无限制性的公司普通股，与公司其他普通股股东所持有的股票同股同权等。

2008年3月20日，富安娜公司召开2008年第二次临时股东大会，审议通过了《关于终止〈深圳市富安娜家居用品股份有限公司限制性股票激励计划（草案）〉的议案》。同日，常明玉出具《确认函》及《承诺函》，其中《确认函》内容为："本人____，根据公司2007年第三次临时股东大会审议通过的《深圳市富安娜家居用品股份有限公司限制性股票激励计划（草案）》的有关约定，现持有公司限制性股票____股。根据公司2008年第二次临时股东大会审议通过的《关于终止〈深圳市富安娜家居用品股份有限公司限制性股票激励计划（草案）〉的议案》的有关约定，本人同意将持有的公司限制性股票转换为同股数的无限制性的公司普通股，与公司其他普通股股东所持有的股票同股同权。"《承诺函》内容为："本人____，为深圳市富安娜家居用品股份有限公司（以下简称'公司'）的股东。截至本承诺函签署日，本人持有公司股份____股。鉴于本人在公司任职，且是以优惠的条件获得上述股份，本人在此自愿向公司承诺：（1）自本承诺函签署日至公司申请首次公开发行A股并上市之日起3年内，本人不以书面的形式向公司提出辞职、不连续旷工超过7日、不发生侵占公司资产并导致公司利益受损的行为、不发生收受商业贿赂并导致公司利益受损的行为。（2）若发生上述违反承诺的情形，本人自愿承担对公司的违约责任并向公司支付违约金，违约金=（本人持有的公司股票在证券市场可以公开抛售之日的收盘价－本人发生上述违反承诺的情形之日的上一年度的公司经审计的每股净资产）×（本承诺函签署日本人持有的股份+本人持有的公司股票在证券市场可以公开出售之日前赠送的红股）。（3）若发生上述违反承诺的情形，本人应在持有公司的股票在证券市场可以公开出售之日后3个交易日内向公司支付违约金。"

其中，离职骨干陈谨因与被申请人深圳市富安娜家居用品股份有限公司合同纠纷一案，不服广东省深圳市中级人民法院〔2015〕深中法商终字第1068号民事判决，向广东省高级人民法院申请再审，陈谨申请再审称：（1）本案不属于人民法院受理民事诉讼范围，应由劳动争议仲裁部门先行处理。（2）本案争议焦点应为《承诺函》是否真实、合法有效以及我是否违反《承诺函》约定的以书面方式提出辞职，而非二审判决所归纳的。（3）二审判决认定主要事实的证据包括《承诺函》、2008年7月9日员工离职交接单、证人张某和韦某的证言、盖章登记本、富安娜公司人力资源管理制度均是虚假的。（4）二审判决认定事实有误：富安娜公司未能提交《劳动合同续签意向书》，也未能证明我有提交书面辞职申请报告，而《离职证明》的证明力明显较大，二审法院认定富安娜公司证据占优违反最高人民法院《关于民事诉讼证据的若干规定》。且本案并非股权激励合同纠纷，富安娜公司通过《承诺函》将《深圳市富安娜家居用品股份有限公司限制性股票激励计划（草案）》（以下简称《股票激励计划》）中的回购股票转化为股东向公司支付违约金，属以合法形式掩盖非法目的无效民事行为，认定《承诺函》是《股票激励计划》的变通或延续没有法律依据。此外，富安娜公司的诉讼请求已超过诉讼时效期间。（5）原审判决认定《承诺函》合法有效有误，《承诺函》违反劳动合同法、公司法关于同股同权和公司不得购买本公司股份、合同法关于格式条款的规定，且《承诺函》约定的违约金过高，即使被认定为真实有效也应予减少。（6）一审法院未准许我调查取证申请、未告知我对司法鉴定有异议权利、未通知鉴定人出庭作证、未准许我重新鉴定申请，程序违法。

富安娜公司提交意见称：(1) 二审判决认定本案为股权激励合同纠纷而非劳动争议纠纷正确，且系列再审案件均认同该法律关系认定。(2) 二审判决认定的争议焦点无误，陈谨以《承诺函》变更劳动合同期限至公司上市后3年，其离开公司属劳动合同期限未满提出书面辞职、连续旷工7日，已有生效判决认定劳动合同到期未续签，继续工作一段时间后离职的都违反了《承诺函》，且二审阶段证人已出庭作证，证言能与《员工离职交接清单》、人力资源管理制度相互印证，足以证明陈谨违约，《离职证明》的出具时间也能证明我司于2008年6月25日不同意陈谨离职。(3) 陈谨主张相关证据伪造没有任何依据，所有《承诺函》均被确认为真实有效，其提出重新鉴定不符合法律规定，而《离职证明》只能表明双方办理了离职手续，我司对《员工离职交接清单》已合理陈述，且提交的盖章登记本也是原件。(4)《承诺函》是《股票激励计划》回购条款的变通和延续，激励对象按照《承诺函》向我司支付"违约金"后所能获得的利益仍为激励对象违反承诺日上一年度经审计的每股净资产值，《承诺函》继续对提前解约的激励对象所能获得的股份投资收益予以限制不违反公平原则，是合法有效的。(5) 诉讼时效应自2013年1月9日起算，我司2012年12月26日起诉未超过诉讼时效。(6)《承诺函》不属格式条款，其对当事人设定一定程度的行为限制具有正当性，是合法有效的。(7) 违约金是我司先期给付陈谨利益的返还，不存在过高应调整的问题。(8) 与本案同批次相关联的再审案件均已驳回再审申请，且大部分已执行完毕，为保证同案同判，应驳回陈谨的再审申请。

2. 争议焦点

（1）本案是否属于劳动争议纠纷；（2）《承诺函》是否有效；（3）富安娜公司的请求是否已超过诉讼时效；（4）陈谨是否违反《承诺函》约定以及相应的违约责任。

广东省高级人民法院经审理认为：

（1）关于本案是否属于劳动争议纠纷的问题

富安娜公司根据《股票激励计划》向高级管理人员及主要业务骨干发行限制性股票，陈谨据此持有公司股份。因股权激励合同是劳动者薪资等基本劳动权利保护外为优化薪酬制度额外实施的，由其产生的股票收益不属于劳动法意义上的工资等劳动报酬，该收益属于奖励，同时起到支付竞业禁止补偿的作用，而激励对象有权选择是否参加，且此类合同反映了收益与风险对等的商业原则，符合商业行为盈利与风险相一致的特征，故二审判决确认双方的法律纠纷属一般民商事合同纠纷并无不当，陈谨主张本案属劳动争议纠纷理据不足。

（2）关于《承诺函》是否有效的问题

根据《股票激励计划》的内容，限制性股份是激励对象（高级管理人员及主要业务骨干）自愿认购、转让受公司内部一定限制的普通股。该激励计划有利于增强富安娜公司经营团队的稳定性及工作积极性，增进富安娜公司与股东的利益，不违反法律强制性规定，是合法有效的。富安娜公司在终止《股票激励计划》后，根据自愿原则，给予限制性股票持有人回售选择权，对于将所持限制性股份转化为无限制普通股的激励对象，采用由激励对象出具《承诺书》的方式继续对激励对象进行约束。据此，二审判决认为《承诺书》是《股票激励计划》的变通与延续并无不当，陈谨自愿向富安娜公司出具《承诺函》不违反公平原则，合法有效。陈谨主张《承诺函》非其本人签署捺印，但未能提交证据予以证明，《痕迹司法鉴定意见书》及《文书司法鉴定意见书》表明《承诺函》上的签名、指印是陈谨本人所签所捺，而《承诺函》签订及打印时间与载明日期不符不能否定签名及指印的真实性，结合陈谨主张重新鉴定缺乏法律依据，二审判决对陈谨的主张不予支持并无不当。

（3）关于富安娜公司的请求是否已超过诉讼时效的问题

根据《承诺函》的内容，若发生违反承诺情形的，陈谨应在持有公司股票在证券市场可公开出售之日后3个交易日内向公司支付违约金。据此，富安娜公司在陈谨支付违约金履行期限届满时才知道权利是否被侵害，而涉及股票可上市交易之日后3个交易日前为2013年1月8日前，即诉讼期间应自2013年1月9日起算，故二审判决确认富安娜公司于2012年12月26日起诉未超过诉讼时效并无不当。

（4）关于陈谨是否违反《承诺函》约定以及相应的违约责任的问题

根据《承诺函》的内容，陈谨在富安娜公司股票上市之日起3年内不得辞职，否则应支付违约金。双方就陈谨的离职原因主张不一，陈谨主张是富安娜公司解除双方劳动关系，而富安娜公司则主张是陈谨主动离职。对此，富安娜公司提交了两份《员工离职交接清单》、证人张某经公证的《证明》以及《盖章登记本》《人力资源管理制度》等，并申请了已离职前人事部员工张某及主管人力资源部门时任总裁助理的韦某出庭作证，上述证言能相互印证，张某的证言能与《盖章登记本》佐证，也印证了2008年7月9日《员工离职交接清单》中陈谨签名非本人的鉴定结论，且《盖章登记本》记载具体全面；反之，陈谨提交的《离职证明》无法证明是富安娜公司主动提出解除劳动关系，而其主张富安娜公司提交的证据虚假亦缺乏证据证明，故二审判决综合双方提交的证据及案件事实采信富安娜公司的主张，认定陈谨的离职违反《承诺函》并无不当。

关于违约责任问题，因《承诺函》系对《股票激励计划》的变通与延续，而陈谨在《承诺函》中约定的收益限制条件属《股票激励计划》中合同解除条款，故其离职违反《承诺函》约定，应以“违约金”形式向富安娜公司返还相应财产。结合富安娜公司起诉要求支付“违约金”时，陈谨对该债务不予确认，二审判决依据《承诺函》的约定计算应返还财产金额并支持相应利息并无不当。陈谨主张违约金约定金额过高应予调整，但该违约金实质是陈谨依约将被限制的部分收益返还富安娜公司，因此并不存在调整的问题。

附录二　奋斗者为中心的有限合伙协议[①]

本合伙协议（以下简称“本协议”）由以下各方于__________年______月______日在____________________签订。

合伙人：__________

身份证号：__________

合伙人：__________

身份证号：__________

……

（合伙人……以下统称“各方”）

经各方充分协商，一致同意出资成立奋斗者（有限合伙）（以下简称“合伙企业”或“奋斗者”）。为此，各方为维护合伙企业、合伙人

① 本协议为有限合伙制股权激励平台样本。

的合法权益，规范合伙企业的组织和行为，根据《中华人民共和国合伙企业法》（以下简称《合伙企业法》）和其他有关法律、法规的规定，制订本协议。

第一章　总　则

第一条　奋斗者是由普通合伙人和有限合伙人组成的有限合伙企业，普通合伙人对奋斗者的债务承担无限连带责任，有限合伙人以其认缴的出资额为限对奋斗者债务承担责任。

第二条　本协议的订立遵循自愿、平等、公平、诚实信用原则，本协议自全体合伙人签字之日起生效，即对全体合伙人产生法律约束力。

第三条　本协议中的各项条款与法律、法规、规章不符的，以法律、法规、规章的规定为准。

第二章　合伙企业的名称、主要经营场所、合伙期限

第四条　合伙企业名称：奋斗者（有限合伙）。

第五条　合伙企业主要经营场所：__________

第六条　合伙企业自营业执照签发之日起成立，合伙期限为二十（20）年，届时若全体合伙人决议同意，可延长奋斗者存续期限。

第三章　合伙企业的目的与经营范围

第七条　合伙企业的目的：通过合伙方式，将平台公司打造成一个共享、共担、共赢合伙平台。

第八条 合伙企业的经营范围：实业投资；企业管理咨询。（企业经营涉及行政许可的，凭许可证件经营）。

第四章 合伙人的姓名、住所

第九条 本协议生效之日，奋斗者由__________名合伙人共同出资设立，其中普通合伙人__________名，有限合伙人__________名。

第十条 奋斗者的合伙人应当具有完全民事行为能力。法律法规禁止从事经营的国家公务员、法官、检察官、警察等不能成为奋斗者合伙人，奋斗者合伙人同时应当具备以下条件：

1. 为平台公司中层以上员工；

2. 其缴付至合伙企业的出资来源合法。

第十一条 本协议生效之时普通合伙人的基本情况如下：

序号	普通合伙人姓名	身份证号码	合伙人住所
……	……	……	……

第十二条 本协议生效之时有限合伙人的基本情况如下：

序号	有限合伙人姓名	身份证号码	合伙人住所
……	……	……	……

第五章 合伙人的出资和财产份额

第十三条 合伙企业出资总额为人民币__________万元，经协商，全体合伙人均以货币出资，各合伙人认缴的出资额、出资比例及其他具体情况如下：

序号	姓名	合伙人性质	出资方式	认缴出资数额（人民币万元）	认缴出资比例（%）	缴付截止期限
		普通合伙人	现金			
		有限合伙人	现金			
		有限合伙人	现金			

第十四条　全体合伙人一致确认，各合伙人应于________年________月________日（“出资到账日”）前，将各自的认缴出资额全额缴付至本有限合伙企业在________银行开立的银行账户。

第十五条　在合伙人认缴的企业出资总额范围内，合伙人应遵守其约定并按期依法足额缴纳出资，未按期足额缴纳的，应当承担补缴义务，并对其他合伙人承担违约责任。

第六章　约定服务期

第十六条　有限合伙人同意自本协议签订之日起在平台公司及其下属企业工作，工作期限自本协议签订之日至平台公司在中国 A 股上市且平台公司在中国 A 股上市之日起算不少于________年。（以下简称“约定服务期”）

第十七条　本协议所指约定服务期是指，本协议之有限合伙人在平台公司及其下属企业工作，同意平台公司根据其在平台公司及下属企业服务期限及所做的贡献，按照本协议之约定的优惠认缴价格认缴出资额，作为对等条件，有限合伙人同意按照本合伙协议的约定在平台公司及其下属企业工作或者服务满一定的期限。

第七章　合伙事务的执行

第十八条　奋斗者的合伙事务由执行事务合伙人执行。

第十九条　奋斗者之执行事务合伙人应具备如下条件：

1. 为奋斗者的普通合伙人；

2. 为平台公司中层以上管理人员；

3. 不存在因贪污、贿赂、侵占财产、挪用财产或者破坏社会主义市场经济秩序，被判处刑罚，执行期满未逾五年，或者因犯罪被剥夺政治权利，执行期满未逾五年的情形；

4. 不存在担任破产清算的公司、企业的董事或者厂长、经理，对该公司、企业的破产负有个人责任的，自该公司、企业破产清算完结之日起未逾三年的情形；

5. 不存在担任因违法被吊销营业执照、责令关闭的公司、企业的法定代表人，并负有个人责任的，自该公司、企业被吊销营业执照之日起未逾三年的情形；

6. 不存在个人所负数额较大的债务到期未清偿的情形。

第二十条　执行事务合伙人出现以下情形之一的，应当辞去执行事务合伙人，由其他普通合伙人担任：

1. 不具备本章第二条约定的担任执行事务合伙人条件的；

2. 其他普通合伙人认为其不适合继续担任本合伙企业执行事务合伙人的。

第二十一条　全体合伙人以签署本协议的方式一致同意选择普通合

伙人__________为奋斗者执行事务合伙人。

第二十二条 执行事务合伙人有权代表奋斗者对外进行经营管理活动，上述活动所产生的费用由全体合伙人承担。

第二十三条 执行事务合伙人对全体合伙人负责，行使下列职权：

1. 制定合伙企业的发展规划、业务活动计划，代表合伙企业对外开展业务，订立合同；

2. 制定合伙企业的年度财务预算、决算方案；

3. 制定合伙企业的利润分配、亏损分担方案；

4. 决定合伙企业内部管理机构的设置；

5. 制定合伙企业的管理制度；

6. 聘任合伙企业的经营管理人员；

7. 决定合伙企业经营管理中的其他事项。

执行事务合伙人应当定期向其他合伙人报告事务执行情况以及合伙企业的经营和财务状况，其执行合伙事务所产生的收益归合伙企业，所产生的费用和亏损由合伙企业承担。

第二十四条 执行事务合伙人在执行合伙事务中存在以下情形的，其他普通合伙人可以终止其执行事务合伙人资格，另行委派其他普通合伙人担任执行事务合伙人：

1. 存在不符合本章第二条、第三条约定情形的；

2. 执行合伙事务中因故意或者重大过失给合伙企业造成损失的；

3. 执行合伙事务中因故意或者重大过失给平台公司或者其下属企业造成损失的。

第二十五条 执行事务合伙人因本章第七条的原因造成合伙企业或者平台公司及其下属企业损失的，应当向合伙企业赔偿。

第二十六条 有限合伙人不执行合伙事务，不得对外代表有限合伙企业。有限合伙人未经授权以奋斗者名义与他人进行交易，给奋斗者或者其他合伙人造成损失的，该有限合伙人应当承担赔偿责任。

第二十七条 有限合伙人的下列行为，不视为执行合伙事务：

1. 参与决定普通合伙人入伙、退伙；

2. 对企业的经营管理提出建议；

3. 参与选择承办合伙企业审计业务的会计师事务所；

4. 获取经审计的合伙企业财务会计报告；

5. 对涉及自身利益的情况，查阅合伙企业财务会计账簿等财务资料。

第二十八条 奋斗者的下列事项应当经全体普通合伙人同意：

1. 改变合伙企业的名称；

2. 改变合伙企业的经营范围、主要经营场所的地点；

3. 处分合伙企业的不动产；

4. 转让或者处分合伙企业的知识产权和其他财产权利；

5. 以合伙企业名义为他人提供担保；

6. 聘任合伙人以外的人担任合伙企业的经营管理人员；

7. 转让合伙企业所持平台公司的股份；

8. 合伙人向其他合伙人或合伙人以外的第三人转让其在合伙企业的全部或部分财产份额；

9. 合伙人以其在合伙企业中的财产份额出质的；

10. 合伙人增加或者减少对合伙企业的出资；

11. 普通合伙人转变为有限合伙人，或者有限合伙人转变为普通合伙人；

12. 修改和补充本合伙协议；

13. 合伙人的入伙、退伙。

第八章　入伙与退伙

第二十九条　新合伙人入伙，应当经全体普通合伙人同意，并依法订立书面入伙协议。订立入伙协议时，原合伙人应当向新合伙人如实告知原合伙企业的经营状况和财务状况。入伙的新合伙人与原合伙人享有同等权利，承担同等责任。

第三十条　新入伙的普通合伙人对入伙前合伙企业的债务承担无限连带责任。新入伙的有限合伙人对入伙前合伙企业的债务，以其认缴的出资额为限承担责任。

第三十一条　在奋斗者存续期间，有下列情形之一的，合伙人可以退伙：

1. 法定或合伙协议约定的退伙事由出现；

2. 合伙人提出申请并经全体普通合伙人同意；

3. 经三分之二以上合伙份额表决同意后作出特别决议要求该合伙人退伙；

4. 合伙人严重违反合伙协议约定的其他义务。

合伙人有下列情形之一的，当然退伙：

1. 作为合伙人的自然人死亡或者被依法宣告死亡；

2. 个人丧失偿债能力；

3. 作为合伙人的法人或者其他组织依法被吊销营业执照、责令关闭、撤销，或者被宣告破产；

4. 法律规定或者本协议约定合伙人必须具有相关资格而丧失该资格；

5. 合伙人在合伙企业中的全部财产份额被人民法院强制执行。

第三十二条 退伙事由实际发生之日为退伙生效日。

1. 作为有限合伙人的自然人死亡、被依法宣告死亡或者作为有限合伙人的法人及其他组织终止时，其继承人或者权利承受人可以依法取得该有限合伙人在合伙企业中的资格。

2. 作为普通合伙人的自然人被依法认定为无民事行为能力人或者限制民事行为能力人的，经其他合伙人一致同意，可以依法转为有限合伙人；其他合伙人未能一致同意的，该无民事行为能力或者限制民事行为能力的合伙人退伙。作为有限合伙人的自然人在合伙企业存续期间丧失民事行为能力的，其他合伙人不得因此要求其退伙。

第三十三条 合伙人有下列情形之一的，经全体普通合伙人同意，可以决议将其除名：

1. 未履行出资义务；

2. 因故意或者重大过失给合伙企业造成损失；

3. 因故意或者重大过失给平台公司或者其下属企业造成损失；

4. 因违法违规或者违反平台公司内部规章制度而被平台公司及其下属企业依法解聘或开除；

5. 发生合伙协议约定的事由。

对合伙人的除名决议应当书面通知被除名人。被除名人接到除名通知之日，除名生效，被除名人退伙。

第三十四条 除本协议另有约定，有限合伙人承诺，自合伙企业成立之日起至平台公司首次公开发行股票并上市交易之日起算不少于__________年不得以任何理由提出退伙。

第三十五条 除非法律和本协议第九章对有限合伙人转让财产份额有限制性约定，有限合伙人可以以书面方式申请全部或部分退伙，以间接转让其持有的平台公司股份而实现投资收益，因此而产生的税费依法由相关各方自行承担。届时普通合伙人应当予以配合。

第三十六条 合伙人退伙，在本协议约定的服务期内的，按照本协议约定服务期相关条款将其持有的财产份额转让给非执行合伙事务的普通合伙人；在本协议约定服务期以外的，拟接受转让的其他合伙人应当与该退伙人按照退伙时的合伙企业财产状况进行结算，退伙人对给合伙企业造成的损失负有赔偿责任的，则相应扣减其应当赔偿的数额。退伙时有未了结的合伙企业事务的，待该事务了结后再进行结算。

第三十七条 普通合伙人退伙后，应当对基于其退伙前的原因发生的合伙企业债务承担无限连带责任。有限合伙人退伙后，对基于其退伙前的原因发生的有限合伙企业债务，以其退伙时从有限合伙企业中取回的财产为限承担责任。

第三十八条 普通合伙人转变为有限合伙人，或者有限合伙人转变为普通合伙人，应当经全体普通合伙人同意。

第三十九条 有限合伙人转变为普通合伙人的，对其作为有限合伙人期间合伙企业发生的债务承担无限连带责任；普通合伙人转变为有限合伙人的，对其作为普通合伙人期间合伙企业发生的债务承担无限连带责任。

第四十条 非执行合伙事务的普通合伙人有权将其持有的合伙企业份额中的部分转让给其他人，包括但不限于本协议签署时的有限合伙人、新入伙有限合伙人或者指定第三人，有限合伙人不得对普通合伙人转让的合伙份额主张优先受让权。

第四十一条 各方同意，除非执行事务合伙人违反法律和本协议的相关约定当然退伙或者被除名，执行事务的普通合伙人不得退伙。

第九章 有限合伙财产份额流转的限制

第四十二条 本协议所述有限合伙财产份额流转包括财产份额转让、财产份额质押和财产份额委托管理等可能导致财产份额持有人在形式上或实质上发生变化的情形。

第四十三条 如果有限合伙人在平台公司首次公开发行股票并上市前要求从平台公司及其下属企业离职，有限合伙人应自其离职之日起十五日内按照其根据本协议缴付的份额原值另加同期银行贷款利率计算的利息将其持有的奋斗者份额全部转让给非执行合伙事务的普通合伙人或其指定的第三方。

第四十四条 如果有限合伙人在约定服务期限内因其违法违规或者违反平台公司内部规章制度而被平台公司及其下属企业依法解聘或开除，则有限合伙人应自其离职、被解聘或开除之日起十五日内按照其根据本协议缴付的份额原值另加同期银行贷款利率计算的利息将其持有的奋斗者份额全部转让给非执行合伙事务的普通合伙人或其指定的第三方。

第四十五条 如果有限合伙人在约定服务期限内从平台公司及其下属企业降职（从原有级别下降），有限合伙人应自其降职之日起十五日内按照其根据本协议缴付的按出资时所占份额的__________%，按市场贷款利息（扣除税、费），转让给非执行合伙事务的普通合伙人或其指定的第三方。

第四十六条 根据有限合伙人与平台公司及其下属企业所签订劳动合同，在约定服务期内，为满足平台公司首次公开发行股票并上市的需要，根据中国证监会及上海或深圳证券交易所的有关规定，有限合伙人自平台公司首次公开发行股票并上市交易之日起三年之内不得以任何形式流转其所持有的奋斗者的份额。

第四十七条 自平台公司在中国A股上市后第四年起，有限合伙人可以每年按照其持有的奋斗者出资份额的__________%、__________%、__________%的比例转让其财产份额，有限合伙人转让其财产份额，必须同时满足以下条件，如未满足设定条件，则当年不能转让出资份额，顺延至下一年。

1. 平台公司自在中国A股上市第三年起，至有限合伙人份额可以全部转让时止，平台公司每年净利润增长不低于上年净利润的__________%；

2. 平台公司当年度销售净利率不低于__________%，加权平均净资产收益率不低于__________%。

有限合伙人满足本条约定转让其资产份额的，可解锁部分在二级市场转让所得，余下部分应当按照以下转让价格将其持有的财产份额转让给非执行合伙事务的普通合伙人或者其指定的第三方：

转让价格 = 扣除已在二级市场解锁部分间接持有平台公司股份比例对应离职前一年度净资产（扣除税费）。

第四十八条 如果有限合伙人在平台公司首次公开发行股票并上市后，禁售期内要求从平台公司及其下属企业离职，有限合伙人应自其离职之日或开除之日起十五日内按照以下价格转让给非执行合伙事务的普通合伙人或其指定的第三方：

转让价格 = 间接持有平台公司股份比例对应离职前一年度净资产（扣除税费）。

第四十九条 担任平台公司董事、监事或高级管理人员的合伙人在任职期间转让奋斗者出资份额每年不超过25%，离职半年内不得转让。

第五十条 截至＿＿＿＿＿年＿＿＿月＿＿＿日，如平台公司不能完成在中国A股上市发行，有限合伙人可以转让其出资份额，但应经普通合伙人同意，且只能向其他有限合伙人转让，非执行合伙事务的普通合伙人或其指定的第三方在同等条件下具有优先受让权，每股转让价即为每股上年末净资产。

第五十一条 有限合伙人同意，不论因任何原因和理由，有限合伙人转让其持有的奋斗者份额时，非执行合伙事务的普通合伙人或其指定的第三方在同等条件下具有优先受让权。

第五十二条 在非执行事务合伙的普通合伙人或其指定的第三方放弃优先受让权的情况下，有限合伙人可以将其持有的奋斗者份额转让给其他第三方。

第五十三条 非经全体普通合伙人同意，合伙人不得同奋斗者进行交易，不得自营或者同他人合作经营与奋斗者及平台公司和下属企业相竞争的业务，不得将其在有限合伙企业中的财产份额出质。

第五十四条 非经全体普通合伙人同意，有限合伙人不得转让其在奋斗者中的财产份额。有限合伙人向合伙人以外的人转让其在奋斗者中的财产份额的以及有限合伙人之间转让在奋斗者中的全部或者部分财产份额时，应当经全体普通合伙人同意。普通合伙人或其指定第三方对有限合伙人转让的财产份额具有优先受让权。

第五十五条 有限合伙人在任何时间从奋斗者退伙，将由有限合伙人自行承担因此产生的税费。

第十章 普通合伙人决策机制

第五十六条 普通合伙人根据本协议的约定行使相关权利、履行相关义务，需要经普通合伙人作出决议的事项，如普通合伙人之间意见不一致，按照非执行合伙事务的普通合伙人的意见进行决策。

第十一章 继 承

第五十七条 合伙人死亡或者被依法宣告死亡的，对该合伙人在合伙企业中的财产份额享有合法继承权的继承人，经全体合伙人同意，从继承开始之日起，取得该合伙企业的合伙人资格。

第五十八条 普通合伙人的继承人得成为合伙企业的普通合伙人，有限合伙人的继承人得成为合伙企业奋斗者的有限合伙人。普通合伙人的继承人为无民事行为能力人或者限制民事行为能力人的，普通合伙人的监护人可以代理该普通合伙人的继承人依法成为合伙企业的普通合伙人。

第五十九条 有下列情形之一的，合伙企业应当向合伙人的继承人退还被继承合伙人的财产份额：

1. 继承人不愿意成为合伙人；

2. 全体合伙人认为继承人必须具有相关资格，而该继承人未取得该资格；

3. 平台公司未上市前，合伙人若死亡，其在合伙企业中的财产份额按出资额加银行同期贷款利息转让给非执行事务的普通合伙人；

4. 平台公司未上市前，合伙人非履行本企业职责或者非因公致残，不能继续在平台公司及下属企业原岗位上工作的，其在合伙企业中的财产份额按出资额加银行同期贷款利息转让给合伙企业非执行合伙事务的普通合伙人；

5. 本协议约定不能成为合伙人的其他情形。

第十二章 利润分配、亏损分担方式

第六十条 奋斗者的利润按照合伙人实际拥有合伙企业的财产份额按比例分享。

第六十一条 利润分配方案在会计年度终止且平台公司就利润分配做出股东会决议后三十日内向全体合伙人公布。

第六十二条 合伙企业发生亏损时按照合伙人实际拥有合伙企业的

财产份额按比例承担。

第六十三条 奋斗者对其债务，应先以其全部财产进行清偿。奋斗者不能清偿到期债务的，普通合伙人对奋斗者债务承担无限连带责任，有限合伙人以其出资额为限对奋斗者债务承担有限责任。

第十三章 合伙企业的解散与清算

第六十四条 奋斗者有下列情形之一的，应当解散：

1. 合伙期限届满，合伙人决定不再经营；
2. 合伙协议约定的解散事由出现；
3. 全体合伙人决定解散；
4. 合伙人已不具备法定人数满三十日；
5. 合伙协议约定的合伙目的已经实现或者无法实现；
6. 依法被吊销营业执照、责令关闭或者被撤销；
7. 法律、行政法规规定的其他原因。

第六十五条 奋斗者解散，应当由清算人进行清算。奋斗者应指定普通合伙人作为清算人，清算人指定数个有限合伙人组成清算组协助清算人依法进行清算工作。清算人在清算期间执行下列事务：

1. 清理合伙企业财产，分别编制资产负债表和财产清单；
2. 处理与清算有关的合伙企业未了结事务；
3. 清缴所欠税款；
4. 清理债权、债务；
5. 处理合伙企业清偿债务后的剩余财产；

6. 代表合伙企业参加诉讼或者仲裁活动。

第六十六条 清算人自被确定之日起十日内将合伙企业解散事项通知债权人，并于六十日内在报纸上公告。债权人应当自接到通知书之日起三十日内，未接到通知书的自公告之日起四十五日内，向清算人申报债权。债权人申报债权，应当说明债权的有关事项，并提供证明材料。清算人应当对债权进行登记。

第六十七条 清算期间，合伙企业存续，但不得开展与清算无关的经营活动。

第六十八条 合伙企业财产在支付清算费用和职工工资、社会保险费用、法定补偿金以及缴纳所欠税款、清偿债务后的剩余财产，依照合伙人财产份额进行分配。

第六十九条 奋斗者注销或依法被宣告破产后，原普通合伙人对合伙企业存续期间的债务仍应承担无限连带责任。

第十四章 争议解决办法

第七十条 本协议的订立、有效性、解释和履行适用中华人民共和国法律。

第七十一条 因本协议引起或与本协议有关的任何争议，包括但不限于有关违反本协议、本协议的终止或有效性的任何争议，各方首先应争取通过友好协商解决。如各方无法通过协商解决争议，除本协议另有约定外，则任何一方均可将争议提交__________仲裁委员会（以下简称“仲裁委”）按照中国仲裁法和该仲裁委其时有效的仲裁规则进行仲裁。

仲裁委根据法律及其仲裁规则做出的裁决是终局的，对各方均有约束力。仲裁期间，除正在进行仲裁的部分或直接和实质地受仲裁影响的部分外，本协议其余条款应继续履行。

第十五章　违约责任

第七十二条　违反本协议第二章的规定未履行或未足额履行出资义务的，合伙人应按未履行出资数额的____%向其他合伙人承担违约责任；未履行出资义务的合伙人参与利润分配的比例按其已出资金额扣减违约金后剩余金额的比例享受分配，但必须按其占出资总额的比例分担债务和亏损。

第七十三条　执行事务合伙人执行合伙事务过程中存在故意或重大过失而产生合伙事务的损失的，应向其他合伙人承担赔偿责任。

第七十四条　违反本协议其他约定的，应依法承担违约责任。

第十六章　可分割性

第七十五条　如本协议的任何条款或该条款对任何人或情形适用时被认定无效，其余条款或该条款对其他人或情形适用时的有效性并不受影响。

第十七章　其　他

第七十六条　本协议一式________份，合伙人各执________份，合伙企业保存________份，其余________份用于办理工商、税务等。

第七十八条　本协议经全体合伙人签字后生效。

附录三 合伙份额转让协议

本合伙份额转让协议（以下简称“本协议”）由以下双方在友好协商、平等、自愿、互利互惠的基础上，于__________年______月______日在____________签署。

协议双方：

出让方：________

身份证号：________

受让方：________

身份证号：________

鉴于

1. ________（标的合伙企业名称）（以下简称“标的企业”）是一家于__________年______月______日在__________（注册地址）合法注册成立并有效存续的有限合伙企业，现注册地址为：____________，统一社会信用码为________，执行事务合伙人________，经营范围为：________。

2. 出让方在本合同签订之日前为标的企业的原合伙人，出让方持有标的企业的合伙份额总额为________人民币，占标的企业合伙份额总额的________。

3. 现出让方与受让方经友好协商，在平等、自愿、互利互惠的基础上，一致同意出让方将其所拥有的标的企业的合伙份额转让给受让方，并签署本合同。

定义

除法律以及本协议另有规定或约定外，本协议中词语及名称的定义及含义以下列解释为准。

1. 合伙份额：出让方因其缴付标的企业注册资本的出资并具有标的企业合伙人资格而享有的中国法律和《__________（标的合伙企业名称）之合伙协议》（以下简称“合伙协议”）所赋予的任何和所有合伙人权利，包括但不限于对于标的企业的资产受益、重大决策和选择管理者等权利。

2. 协议生效日：合同发生法律效力、在协议双方当事人之间产生法律约束力的日期。

3. 协议签署之日：合同双方在本协议文本上签字之日。

4. 认缴出资额：在公司登记机关登记的公司全体合伙人认缴的出资额。

5. 合同标的：出让方转让其所持有的标的企业的__________万份合伙份额。

6. 转让日：受让人依据本合同受让合同标的并办理完成工商变更登记之日。

7. 法律、法规：于本协议生效日前（含本合同生效日）颁布并现行有效的法律、法规和由中华人民共和国政府及其各部门颁布的具有法律约束力的规章、办法以及其他形式的规范性文件，包括但不限于《中华人民共和国合伙企业法》、《中华人民共和国合同法》等。

第一章　合伙份额的转让

1.1 标的

出让方转让其所持有的标的企业的____万份合伙份额，占比______。

1.2 转让方式

（根据合伙协议以及双方合意之方式协商进行）

1.3 转让价格

依据本协议进行的合伙份额转让的转让价格以合伙份额截至____（份额让与当年近期的财务报告）确定的每股净资产为参考，确定本次合伙份额转让价格为________元/份额。

1.4 付款期限

依据本合同进行的合伙份额转让，自本合同第5.2条约定的合伙人会议审议批准合同标的转让之日起七个工作日内，受让方应当依据本合同第5.3条向出让方支付本次合伙份额转让的全部转让价款。出让方应在收到受让方支付的该次合伙份额转让的全部转让价款后五个工作日内向受让方开具收据并及时将该收据送达受让方。

第二章　转让生效与限制条件

2.1 受让方承诺本合同签署之时，受让方已达到如下条件：

（1）最近三年内未被证券交易所公开谴责或宣布为不适当人选的；

（2）最近三年内未因重大违法违规行为被中国证监会予以行政处罚或采取市场禁入措施或者被全国股份转让系统公司予以自律监管措施和纪律处分的；

（3）未因违法违规行为被行政处罚或刑事处罚的；

（4）不存在《中华人民共和国公务员法》《中共中央、国务院关于严禁党政机关和党政干部经商、办企业的决定》《国有企业领导人员廉洁从业若干规定》《中国人民解放军内务条令（试行）》等国家法律、法规、规章及规范性文件规定不适宜担任公司股东的情形。

若受让方违反上述承诺，出让方有权单方面终止本协议，并且要求受让方赔偿标的企业或其他第三方因此产生的全部损失。若受让协议标的后，受让方出现上述不符合相关法律法规的情形，普通合伙人或其指定的其他有限合伙人有权立即以本协议 1.3 条约定的转让价格回购该受让方持有标的企业的全部合伙份额，受让方应当赔偿标的企业或其他第三方因此产生的全部损失。

第三章　限制转让

3.1 协议双方同意，受让方依据本合同受让协议标的之后，有权转让协议标的，上述合伙份额转让需符合如下限制性条件：

（1）经普通合伙人同意。

（2）普通合伙人或其指定的其他有限合伙人依据本协议第 3.5 条的规定受让协议标的或者受让方自转让日起六十个月后的首个工作日之后

（含当日）可以转让协议标的。

3.2 受让方转让符合本协议 3.1 条约定的限制性条件的协议标的需履行如下程序：

受让人向普通合伙人提出申请，并明确申请转让的合伙份额数量和价格，其中转让价格按以下标准执行：

（转让价格执行标准可在法律允许范围内自行确定）

普通合伙人有权确认和调整本条约定的转让价格。

3.3 受让方转让符合本合同 3.1 条约定的限制性条件的协议标的时，如普通合伙人同意转让的，则按照如下顺序进行转让：

（1）普通合伙人或其指定的第三方具有优先受让权；

（2）如普通合伙人和其指定的第三方均放弃优先受让权，受让方可将其合伙份额转让给其他第三方；

（3）如履行上述程序后仍无人受让的，则普通合伙人必须受让该部分出资份额并支付转让价款。

3.4 除普通合伙人或其指定的其他有限合伙人依据本协议第 3.5 条的规定受让协议标的之外，自转让日起六十个月之内受让方不得就其受让的协议标的进行任何形式的处置（包括但不限于对激励股权进行转让、质押、设定任何负担、用于偿还债务或申请减资退伙等）。因司法裁决、继承等原因导致受让方受让的协议标的转让给第三方（以下简称“后续持有人”）的，后续持有人应继续履行本协议第 3.1 条、第 3.2 条、第 3.3 条、第 3.4 条及第 3.6 条的约定。受让方应保证后续持有人知晓并履行本协议约定的义务。

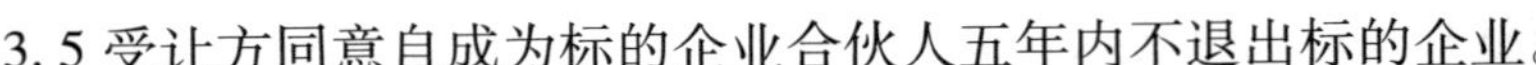

3.5 受让方同意自成为标的企业合伙人五年内不退出标的企业。

如果受让方自成为有限合伙人不足三年（包含三年）期间，要求从标的企业或其下属企业离职，或因其违法违规或者违反标的企业内部规章制度而被标的企业或其下属企业依法解聘或开除，该受让方应自其离职之日起十五日内按照其根据本合同缴付的份额原值加每年10%年化利率扣减累计已分红金额（含税）的价格将其持有的标的企业合伙份额全部转让给普通合伙人或其指定的其他有限合伙人。如该受让方逾期不办理转让手续，视同该受让方完全放弃在合伙企业中的所有权利。

如果受让方自成为有限合伙人三年以上五年以内（包含五年）期间，要求从标的企业或其下属企业离职，或因其违法违规或者违反标的企业内部规章制度而被标的企业或其下属企业依法解聘或开除，普通合伙人将发出回购要求，回购价格为普通合伙人发出回购要求之日的上个月月末公司合并每股净资产乘以其持有的合伙份额对应的标的企业股份数量。该受让方应自普通合伙人发出回购要求之日起十五日内，将其持有的全部合伙份额转让给普通合伙人或其指定的其他有限合伙人。如该受让方逾期不办理转让手续，视同该受让方完全放弃在合伙企业中的所有权利。

3.6 受让方在发生上述回购和退出安排时，还须遵守中国法律、法规及规范性文件的规定。

如标的企业申请首次公开发行股票并上市的，则在标的企业股份递交的申请材料获得中国证监会受理之日起，受让方还需遵守中国证监会关于上市公司股票禁售期的规定。

如标的企业股份被上市公司并购的，激励对象还需遵守中国证监会关于上市公司股票禁售期的规定。

第四章 声明和保证

4.1 出让方向受让方声明和保证：

4.1.1 出让方为协议标的的合法拥有者，其有资格行使对协议标的的完全处分权。协议签署日前之任何时候，出让方未与任何第三方签订任何形式的法律文件，亦未采取任何其他法律允许的方式对协议标的进行任何形式的处置，该处置包括但不限于转让、质押、委托管理、让渡附属于协议标的的全部或部分权利。

4.1.2 本协议签署日后，出让方保证不会采取任何法律允许的方式对本协议标的的全部或部分进行任何方式的处置，该处置包括但不限于转让、质押、委托管理、让渡附属于协议标的的部分权利。

4.1.3 在本协议签署日前及签署日后至转让日，出让方将按照法律法规要求履行相关程序，并保证本协议标的符合法律规定的可转让条件，不会因出让方原因或其他任何第三方原因而依法受到限制，以致影响合伙份额转让法律程序的正常进行，该情形包括但不限于法院依法对本协议标的采取冻结措施等。

4.1.4 出让方保证根据本协议向受让方转让协议标的已征得标的企业全体合伙人的同意。出让方保证积极协助受让方办理协议标的的转让的一切手续，包括但不限于修改合伙协议、向有关机关报送有关变更的文件。

4.2 受让方向出让方的声明和保证：

4.2.1 受让方承诺以个人名义受让协议标的，不存在代持情况，并承担因存在本条约定的代持行为对标的企业及出让方所造成的损失。

4.2.2 受让方在办理合伙份额变更登记之前符合法律规定的受让协议标的之条件，不会因为受让方自身条件的限制而影响协议标的转让法律程序的正常进行。

4.2.3 受让方有足够的资金能力收购协议标的，受让方保证能够按照本协议的约定支付转让价款。

第五章　协议双方的权利和义务

5.1 自依据本协议的规定办理转让工商变更登记手续完成之日起，出让方丧失其对协议标的享有的权利，对该部分合伙份额出让方不再享有任何权利，也不再承担任何义务；自本协议约定的转让条件达成并办理转让手续之日起，受让方根据有关法律及《合伙协议》的规定，按照其所受让的合伙份额比例享有权利，并承担相应的义务。

5.2 本合同签署之日起十个工作日内，出让方应负责组织召开合伙人会议，保证合伙人会议批准合同标的转让，并与受让方签署正式的入伙协议，出让方同意受让方成为标的企业的有限合伙人。受让方将与标的企业的其他合伙人重新签署合伙协议或者签订合伙协议的补充协议，并承诺入伙后将按照入伙协议及合伙协议的约定执行。

5.3 出让方依据本协议5.2条召开合伙人会议，并且合伙人会议审议批准协议标的转让之日起七个工作日内，受让方应向出让方支付本次合伙份额转让的全部转让价款。出让方应在收到受让方支付的该次合伙份额转让的全部转让价款后五个工作日内向受让方开具收据并及时将该收据送达受让方。

5.4 受让方依据本协议第 5.3 条的约定支付全部价款之日起十五个工作日内，出让方应与受让方共同完成协议标的转让的全部法律文件。

5.5 在按照本协议第 5.4 条约定完成该次合伙份额转让的全部法律文件之日起十五个工作日内，出让方应协助受让方按照中华人民共和国法律、法规及时向有关机关办理变更登记。

5.6 出让方与受让方签署本合同不构成出让方或合伙企业对受让方聘用期限和聘用关系的任何承诺，签约公司对受让方的聘用关系仍按劳动合同的有关约定执行。

5.7 如转让时需履行合伙企业的合伙人会议决议程序，则合同双方应遵守《合伙协议》《合伙人会议议事规则》及法律、法规规定的相应程序。

第六章　保密条款

6.1 对本次合伙企业合伙份额转让合同中，出让方与受让方对所了解的全部资料，包括但不限于出让方、受让方、标的企业的经营情况、财务情况、商业秘密、技术秘密等全部情况，出让方与受让方均有义务保密，除非该信息已经依法进入公众领域、法律法规有明确规定或者司法机关强制要求，任何一方不得对外公开或使用。

6.2 出让方与受让方在对外公开或宣传本次合伙份额转让事宜时，

采用经协商的统一口径，保证各方的商誉不受侵害，未经另一方同意，任何一方不得擅自对外发表有关本次合伙份额转让的任何言论、文字。

第七章　协议生效日

7.1 下列条件全部成就之日方为本协议的生效之日：

7.1.1 本协议经协议双方签署后，自本协议文首所载签署日期，本协议即成立。

7.1.2 出让方合伙人会议批准本次合伙份额转让。

第八章　不可抗力

8.1 本协议中“不可抗力”，指不能预知、无法避免并不能克服的事件，且事件的影响不能依合理努力及费用予以消除。包括但不限于地震、台风、洪水、火灾、战争或国际商事惯例认可的其他事件。

8.2 本协议一方因不可抗力而无法全部或部分履行本协议项下的义务时，该方可暂停履行上述义务。暂停期限，应与不可抗力事件的持续时间相等。待不可抗力事件的影响消除后，如另一方要求，受影响的一方应继续履行未履行的义务。但是，遭受不可抗力影响并因此提出暂停履行义务的一方，必须在知悉不可抗力事件之后十五天内，向另一方发出书面通知，告知不可抗力的性质、地点、范围、可能延续的时间及对其履行合同义务的影响程度；发出通知的一方必须竭其最大努力，减少不可抗力事件的影响和可能造成的损失。

8.3 如果协议双方对于是否发生不可抗力事件或不可抗力事件对合

同履行的影响产生争议，请求暂停履行合同义务的一方应负举证责任。

8.4 因不可抗力不能履行协议的，根据不可抗力的影响，部分或全部免除责任。但当事人迟延履行后发生不可抗力的，不能免除责任。

第九章 违约责任

9.1 任何一方因违反于本协议下作出的声明、保证及其他义务的，应承担违约责任，造成对方经济损失的，还应承担赔偿责任。此赔偿责任应包括对方因此遭受的全部经济损失（包括但不限于对方因此支付的全部诉讼费用、律师费）。

9.2 除本协议另有约定以外，如出让方违反本协议之任何一项义务、声明和保证，须向受让方支付违约金，违约金为转让价款总额的20%。如果导致受让方无法受让协议标的，则出让方应向受让方退还已支付的所有款项，并赔偿受让方由此遭受的一切直接和间接损失（包括但不限于受让方因此支付的全部诉讼费用和律师费）。

9.3 如受让方违反本协议之任何一项义务、声明和保证，须向出让方支付违约金，违约金为转让价款总额的20%。如果造成出让方损失的，则受让方应向出让方赔偿出让方由此遭受的一切直接和间接损失（包括但不限于出让方因此支付的全部诉讼费用和律师费）。

9.4 若受让方在协议生效日之后非依法单方解除协议，则出让方有权要求受让方支付违约金，违约金为转让价款总额的20%。若出让方在协议已生效之后非依法单方解除协议，则受让方有权要求出让方支付违约金，违约金为转让价款总额的20%。

9.5 根据本协议第九章各条款的约定，出让方应向受让方支付违约金的，出让方应在收到受让方发出的支付通知之日起十日内，按本协议第九章规定的违约金标准将全部违约金支付给受让方。

9.6 根据本协议第九章各条款的约定，受让方应向出让方支付违约金的，受让方应在收到出让方发出的支付通知之日起十日内，按本协议第九章规定的违约金标准将全部违约金支付给出让方。

第十章　其　他

10.1 协议修订

本协议的任何修改必须以书面形式由各方签署。修改的部分及增加的内容，构成本协议的组成部分。

10.2 可分割性

如果本协议的部分条款被有管辖权的法院、仲裁机构认定无效，不影响其他条款效力的，其他条款继续有效。

10.3 协议的完整性

本协议构成协议双方之间的全部陈述和协议，并取代协议双方于协议签字日前就本协议项下的内容所作的任何口头或者书面的陈述、保证、谅解及协议。协议双方同意并确认，本协议中未订明的任何陈述或承诺不构成本协议的基础，不能作为确定协议双方权利和义务以及解释协议条款和条件的依据。

10.4 通知

本协议规定的通知应以书面形式作出，并以邮寄、图文传真或者其他电子通讯方式送达。通知到达收件方的联系地址方为送达。如邮寄方式发送，以邮寄回执上注明的收件日期为送达日期。使用图文传真时，收到传真机发出的确认信息后，视为送达。

10.5 争议的解决

协议双方应首先以协商方式解决因本协议引起或者与本协议有关的任何争议。如协议双方不能以协商方式解决争议，则协议双方同意将争议提交有管辖权的人民法院处理。

10.6 协议附件

下列文件作为本协议之附件，与本协议具有同等的法律效力。

10.7 其他

本协议一式____份，交易各方各持____份，公司存档____份，交有关机关备案____份，均具有同等法律效力。

（以下无正文，为签字页）

合同双方签字盖章

出让方： ________

受让方： ________

附录四　股权激励计划

术语：

公司指有限公司或股份有限公司，称为“__________”或“公司”。

管理层持股平台指公司为了激励公司管理人员、核心技术人员及业务人员而设立的XY有限合伙企业。该XY有限合伙企业将以现金入股方式投资入股公司。（XY指设立时的合伙企业名称）

激励对象指公司所确定的希望激励的公司管理人员、核心技术人员及业务人员。激励对象通过一定的程序和出资能够成为管理层持股平台的有限合伙人，进而间接持股公司股权。

一、计划宗旨

为进一步完善《中华人民共和国公司法》治理结构，建立和完善公司中层及以上管理人员、子公司主要负责人和核心技术及业务人员的激励约束机制，激励各级管理人员和业务骨干勤勉工作，增强广大员工的工作积极性，确保整个公司经营和管理活动围绕公司的战略目标展开，不断提升公司业绩，以推动公司战略目标的实现，特制定本计划。

二、激励计划的目的和原则

2.1 本激励计划的目的

2.1.1 为了进一步完善公司治理结构，建立股权激励与约束机制，形成股东与管理团队之间的利益共享与风险共担，充分调动公司管理团队和业务骨干积极性；

2.1.2 进一步激励员工与公司共同持续、快速、健康成长，增强员工责任感、使命感、归属感；

2.1.3 吸引和保留优秀管理人才和业务骨干，确保公司长期发展。

2.2 本激励计划的原则

2.2.1 坚持公开、公平、公正；

2.2.2 坚持员工、公司、股东利益相一致，有利于公司的可持续发展；

2.2.3 坚持激励与约束相结合，风险与收益相对称；

2.2.4 坚持考核后兑现。

三、激励计划的基本内容

3.1 激励计划原理

3.1.1 本激励计划以管理层持股平台间接授予激励对象公司权益的

方式对有贡献的员工给予激励。激励对象通过持有管理层持股平台权益从而间接持有公司的股权。

3.1.2 管理层持股平台系有限合伙企业，公司实际控制人或公司高级管理人员担任管理层持股平台执行事务合伙人，激励对象为管理层持股平台的有限合伙人。执行事务合伙人享有管理层持股平台的管理权。

3.1.3 管理层持股平台以现金出资的方式（或份额转让的方式）成为有限合伙企业合伙人并间接持有公司一定比例的股权，管理层持股平台增资的对价以公司最近一期经审计后的净资产作为计算依据。

3.1.4 股权的价值体现在两个方面。第一，未来公司上市且股份锁定期届满后，激励对象指令管理层持股公司出售其间接持有的公司股份之时，二级市场上该股票的价格和原始股之间的差价。第二，管理层持股平台所获得的公司分红可以作为激励对象的收益。

3.2 激励计划的管理机构

3.2.1 公司股东（大）会作为公司的最高权力机构，负责审议和批准本激励计划的实施、变更和终止。

3.2.2 公司董事会是本股权激励计划的执行管理机构，负责拟订和修订本股权激励计划，报公司股东（大）会审批和主管部门审核，并在股东（大）会授权范围内办理本计划的相关事宜。

3.3 激励计划的实施程序

3.3.1 公司董事会制定激励计划，由公司股东（大）会审议通过；

3.3.2 公司董事会根据股东（大）会的授权执行激励计划；

3.3.3 公司监事核实激励对象名单。

3.4 公司股份与管理层持股平台权益兑换比例

假定激励对象持有的有限合伙企业的出资份额为 S_1，管理层持股平台持有的公司股权数量为 S_2，激励对象持有的公司权益占公司权益的比例为 S_3。则激励对象通过持有管理层持股平台权益所间接持有的公司股份数量的计算公式为：$S_1 = S_2 \times S_3$

四、激励对象的选拔和义务

4.1 激励对象选拔范围

根据《中华人民共和国公司法》及其他有关法律、法规、规章以及公司章程和《XY 有限合伙协议》的约定，激励对象从下列人员中选拔产生：

4.1.1（中层以上）高级管理人员；

4.1.2 由（公司总经理）提名的核心技术人员；

4.1.3 由公司提名的核心业务人员；

4.1.4 由公司董事会确定的其他人员。

4.2 激励对象选拔标准

选拔标准为员工的业绩、能力、工作态度、团队合作精神、服务时间长短以及对于公司的忠诚度等，由各一级部门及子公司提交初步激励对象候选人，由公司总经理选拔并提交名单，由公司董事会审议通过。

依据《公司股权激励计划实施考核办法》对激励对象进行考核，激励对象经考核合格后方具有获得授予本计划项下股权的资格。

4.3 激励对象的义务

4.3.1 激励对象应当按公司所聘岗位要求，勤勉尽责、恪守职业道德，为公司的发展做出应有的贡献；

4.3.2 激励对象购股的资金来源应为激励对象自筹资金；

4.3.3 激励对象获授的股份不得转让、用于担保或偿还债务；

4.3.4 激励对象因本激励计划获得的收益，其本人应按国家税收法规交纳有关税费；

4.3.5 激励对象在行权后离职，如果在离职的二年内到与公司生产或者经营同类产品、从事同类业务的有竞争关系的其他用人单位，或者自己开业生产或者经营同类产品、从事同类业务的，激励对象应当将其因获授股份所得的全部收益返还给公司；

4.3.6 法律、法规规定的其他相关义务。

4.4 不得参与本激励计划的人员。

4.4.1 最近三年内被证券交易所公开谴责或宣布为不适当人选的；

4.4.2 最近三年内因重大违法违规行为被中国证监会予以行政处罚的；

4.4.3 具有《中华人民共和国公司法》规定的不得担任董事、高级管理人员情形的；

4.4.4 依据公司《考核办法》，考核结果不合格的；

4.4.5 公司董事会认定的其他严重违反公司有关规定或严重损害公司利益的情形；

4.4.6 法律法规规定的其他不得参与激励计划的人员。

五、股权激励的实施

5.1 本激励计划的有效期

5.1.1 本次股权激励计划有效期最长36个月，若该有效期内，公司向中国证监会申请首次公开发行股票并上市，则本次股权激励以申报基准日作为股权激励的终止日，激励对象未获得的激励无条件放弃。

5.1.2 激励对象在本次股权激励计划有效期内离职的，其未获得激励不再获得；已获得的激励由创始股东回购，回购价格为该公司股东购买公司权益时的价格与公司净资产价格中的低者。

5.1.3 在激励期内，当年对上年考核合格并且能够满足获得激励股权的，则考核当年获得激励股权数量。

5.2 股权授予数量

公司董事会根据股权激励评审小组的考核情况报告作出决议，确定激励对象及拟授予股权的数量。

5.3 激励实施程序如下：

5.3.1 公司董事会向激励对象出具《关于授予公司员工股权通知书》；

5.3.2 激励对象应在公司董事会出具《关于授予公司员工股份通知书》的十天内缴纳购股款，逾期视为放弃激励；

5.3.3 激励对象签署管理层持股公司《有限公司协议》，并缴纳相应出资；

5.3.4 由管理层持股平台执行事务合伙人向工商登记部门办理变更登记手续。

六、公司权益的转让与出售

公司权益的转让与出售必须符合国家和政府机构相关法律法规的规定。

6.1 在公司上市前，公司权益所有者所持有的公司权益不得转让、赠与、质押、担保、托管给第三人或在该等公司权益上设置任何其他形式的限制或负担。特殊情况确需实施该等行为的，应经公司董事会审核，并经公司股东（大）会批准后方能实施。

6.2 在公司上市后且股票法定锁定期届满之后，公司权益所有者有权转让部分其所持有的公司权益，并取得管理层持股平台代扣代缴所得税后的收益。转让或出售公司权益必须遵守本管理层持股平台的关于份额转让或出售的规定。

6.3 在公司上市后的一年内，管理层持股平台不得出售或转让其所持有的公司股份，激励对象不得指令执行事务合伙人出售其间接持有的公司股份。

6.4 在公司上市后且股票法定锁定期届满后的第二年起，管理层持股平台的有限合伙人有权向管理层持股平台执行事务合伙人发出书面指令，要求出售其间接持有公司的股份。合伙人每年可以出售的公司股票为其个人间接持有公司股份的25%（以公司上市时其持有的公司股份为基数）。

6.5 执行事务合伙人在接受有限合伙人的指令并经公司董事会批准后，通过二级市场出售，并在代扣代缴有关税收后将有关收益交付该有限合伙人。该合伙人所持有的公司权益比例相应稀释，其他合伙人所持有的公司权益比例相应提高。

6.6 根据本激励计划以及中国证监会、证券交易所和登记结算公司等的有关规定，公司应积极配合满足出售条件的公司管理层持股平台合伙人出售其股份。但若因中国证监会、证券交易所或登记结算公司等的原因造成公司股东未能按自身意愿出售股份并造成损失的，公司不承担责任。

七、股权回购或激励计划变更和终止

7.1 发生如下情形之一时，公司有权终止实施激励计划。激励对象尚未行权的股权须终止行使。有限合伙人已购买的公司权益由公司强制回购，回购价格为该有限合伙人购买公司权益时的价格与公司净资产价格中的低者。有限合伙人必须在正式离职前协助公司完成份额过户登记手续。这些情形包括：

7.1.1 激励对象有触犯法律、违反职业道德、泄露公司机密、严重失职或渎职等行为；

7.1.2 激励对象因不能胜任工作岗位、考核不合格或违反公司其他劳动纪律而和公司解除劳动合同；

7.1.3 激励对象违反竞业禁止规定，在公司工作期间或离开公司的三年内，在同类企业任职的，均视作违反同业竞争限制；

7.1.4 激励对象劳动合同期限未满提前辞职的；

7.1.5 激励对象在辞职时还持有上市之前获得的、按本协议规定尚不能出售的公司股份；

7.1.6 激励对象私自转让获授的股权，或者将其用于担保或偿还债务的；

7.1.7 激励对象死亡或宣告死亡，其继承人不愿意成为公司管理层持股平台合伙人的。

7.2 在公司上市后，若发生上述情形之一的，该有限合伙人间接持有的尚未出售或转让的公司股份应由公司创始股东回购，回购价格为该有限合伙人购买公司权益时的价格。

八、附则

8.1 本激励计划中的有关条款，如与国家有关法律、法规及行政性规章制度相冲突，则按照国家有关法律、法规及行政性规章制度执行。本激励计划中未明确规定的，则按照国家有关法律、法规及行政性规章制度执行。

8.2 本激励计划自经公司股东（大）会批准之日起生效。

8.3 本激励计划由公司董事会负责解释。

XY 公司

________年____月____日

附录五　股权激励分配方案

一、授予股权数量

项目	计算公式
授予数量	个人激励额度 = 激励总量 × 激励对象个人分配系数 ÷ 公司总分配系数
总分配系数	公司总分配系数 = Σ个人分配系数

二、个人分配系数

个人分配系数实际上代表了对激励对象的评价得分，因此需要建立一个评价模型。我们在这里建议以激励对象的人才价值、薪酬水平、考核成绩、司龄4个维度作为评价模型，同时不同的评价维度赋予不同权重，建立个人分配系数公式如下：

个人分配系数 = 人才价值系数 ×20% + 薪酬系数 ×40% + 考核系数 ×20% + 司龄系数 ×20%

（一）人才价值系数

关于人才价值的评价标准，企业可以根据本企业的情况具体制定，激励对象的学历、工作能力、工作的重要性等都可以作为评价依据。然后根据评分结果赋予其人才价值系数，如表1。

表1　人才价值的评价标准表

分数段	等级	人才价值系数
95分及以上	A	5
85－94分	B	3
75－84分	C	2
74分及以下	D	1

（二）薪酬系数

薪酬系数反映激励对象在授予年度的实际工资水平，可将最低工资的激励对象的薪酬系数标准设为1，其余激励对象的薪酬系数根据最低工资的激励对象的薪酬系数即可得到。

（三）考核系数

考核系数可以根据激励对象的年度考核等级确定，如表2。

表2　激励对象的年度考核系数表

考核等级	优秀A	良好B	中等C	合格D	不合格E
考核系数	1.2	1.1	1.0	0.9	0.8

（四）司龄系数

司龄系数反映激励对象在公司工作的年限，以授予日为基准。参与计划的激励对象入职年数每增加1年，司龄系数增加0.05，如表3。

表3　激励对象的司龄系数表

入职年数	1≤Y<2	2≤Y<3	3≤Y<4	4≤Y<5	……
司龄系数	1	1.05	1.1	1.15	……

三、案例

假设公司激励计划授予的限制性股票总数量为300万股，占公司股本总额的5%。股权激励对象共7名，其中副总经理2名、总监2名、部门经理3名。

（一）基本情况的假定

1. 以副总经理A为例，其个人分配系数基本情况假定如下：

（1）人才价值系数：根据副总A的学历、工作能力等作为评分依据，其人才价值评分为95分以上，等级为A，对应人才价值系数为5。

（2）薪酬系数：本次股权激励中年度最低工资的激励对象为部门经理，将其薪酬系数设为1，则副总A对应的薪酬系数为5。

（3）考核系数：副总A的年度考核等级为优秀A，对应的考核系数为1.2。

（4）司龄系数：副总A入职4年，司龄系数增加0.15，对应司龄系数为1.15。

2. 全部被激励人员个人分配系数基本情况假定如下：

职位	人才价值系数	薪酬系数	考核系数	司龄系数
副总A	5	5	1.2	1.15
副总B	5	4.5	1.2	1.15

续表

职位	人才价值系数	薪酬系数	考核系数	司龄系数
总监 A	3	2. 5	1. 1	1. 1
总监 B	3	2. 5	1. 1	1. 1
部门经理 A	2	1	1. 1	1. 1
部门经理 B	2	1	1. 1	1. 1
部门经理 C	2	1	1. 1	1. 1

（二）个人分配系数的计算

1. 副总 A

个人分配系数 = 人才价值系数 ×20% + 薪酬系数 ×40% + 考核系数 ×20% + 司龄系数 ×20% = 5 ×20% + 5 ×40% + 1. 2 ×20% + 1. 15 ×20% = 3. 47

2. 副总 B

个人分配系数 = 5 ×20% + 4. 5 ×40% + 1. 2 ×20% + 1. 15 ×20% = 3. 27

3. 总监 A、总监 B

个人分配系数 = 3 ×20% + 2. 5 ×40% + 1. 1 ×20% + 1. 1 ×20% = 2. 04

4. 部门经理 A、B、C

个人分配系数 = 2 ×20% + 1 ×40% + 1. 1 ×20% + 1. 1 ×20% = 1. 24

5. 公司总分配系数

公司总分配系数 = Σ个人分配系数 = 14. 54

（三）个人激励额度的计算

1. 副总 A

个人激励额度 = 激励总量 × 激励对象个人分配系数 ÷ 公司总分配系

数 =3,000,000×3.47/14.54 =715,956 股，占公司总股本的 1.19%。

2. 副总 B

个人激励额度 =3,000,000×3.27/14.54 =674,690 股，占公司总股本的 1.12%。

3. 总监 A、总监 B

个人激励额度 =3,000,000×2.04/14.54 =420,908 股，占公司总股本的 0.7%。

4. 部门经理 A、B、C

个人激励额度 =3,000,000×1.24/14.54 =255,846 股，占公司总股本的 0.43%。

股权激励具体分配表

职位	人才价值系数	薪酬系数	考核系数	司龄系数	个人分配系数	激励股份数	占公司总股份比例
副总 A	5	5	1.2	1.15	3.47	715,956	1.19%
副总 B	5	4.5	1.2	1.15	3.27	674,690	1.12%
总监 A	3	2.5	1.1	1.1	2.04	420,908	0.70%
总监 B	3	2.5	1.1	1.1	2.04	420,908	0.70%
部门经理 A	2	1	1.1	1.1	1.24	255,846	0.43%
部门经理 B	2	1	1.1	1.1	1.24	255,846	0.43%
部门经理 C	2	1	1.1	1.1	1.24	255,846	0.43%
共计					14.54	3,000,000	5.00%

四、公司的岗位序列

（一）管理序列（Management，以下简称 M 类）

管理序列适用于从事管理工作，具有人员管理权限（不包括师徒关系、业务辅导关系），带领团队运作指定业务的岗位。

（二）专业序列（Professional，以下简称 P 类）

专业序列适用于从事产品设计、运营、市场、销售、人事、财务、信息技术服务工作等岗位。

职等职级图				
分级	管理序列 M		专业序列 P	
岗位级别	职务等级	职称	职务等级	职称
决策层	M8	总经理		
高层管理	M7	副总经理		
	M6	高级一级中心总监（分公司总经理）		
	M5	一级中心总监		
中层管理	M4	高级部门经理	P8	首席专家
	M3	中级部门经理	P7	资深专家
	M2	初级部门经理	P6	高级专家
	M1	主管	P5	专家
基层			P4	高级专员
			P3	专员
			P2	助理
			P1	实习生

专业序列特征	
序列	特征
P4	有相关专业教育背景或从业经验； 在专业领域中，对公司职位的标准要求、政策、流程等从业所必需了解的知识处于学习成长阶段，尚需要主管或高级别人员对负责的任务和完成的产出进行清晰的定义和沟通，并随时提供支持以达到要求；能配合完成复杂任务； 在专业领域，具有学习能力和潜能。
P5	在专业领域中，对公司职位的标准要求、政策、流程等从业所必需了解的知识基本了解，对于本岗位的任务和产出很了解，能独立完成复杂任务，能够发现问题并解决问题； 在项目当中可以作为独立的项目组成员； 能在跨部门协作中沟通清楚。
P6	在专业领域中，对公司职位的标准要求、政策、流程等从业所必需了解的知识理解深刻，能够和经理一起探讨本岗位的产出和任务，并对经理具备一定的影响力； 对于复杂问题的解决有自己的见解，对于问题的识别、优先级分配有见解，善于寻求资源解决问题；也常常因为对于工作的熟练而有创新的办法，表现出解决复杂问题的能力； 可独立领导跨部门的项目；在专业方面能够培训和教导新进员工。
P7	在专业领域，对自己所从事的职业具备一定的前瞻性了解，在某个方面见识独到，对公司关于此方面的技术或管理尤其有影响力； 对于复杂问题的解决有自己的见解，对于问题的识别、优先级分配有见解，善于寻求资源解决问题；也常常因为对于工作的熟练而有创新的办法，表现出解决问题的能力； 可独立领导跨部门的项目；能够培训和教导新进员工； 是专业领域的资深人士； 行业外或公司内培养周期较长。
P8	在某一专业领域中，对于公司内外及业界的相关资源及水平比较了解； 开始参与部门相关策略的制定；对部门管理层在某个领域的判断力产生影响； 对事物和复杂问题的分析更有影响力。
P9	是某一领域中的资深专家； 对某一专业领域的规划和未来走向产生影响； 对业务决策产生影响； 使命感驱动。

续表

专业序列特征	
序列	特征
P10	在公司内部被认为是某一方面的专家或者在国内的业界范围具备知名度和影响力； 对公司某一方面的战略规划和未来走向产生影响； 在本领域的思想和研究在公司具备较大的影响力； 使命感驱动。
P11	业内知名，对国内/国际相关领域都较为了解； 对公司的发展做出重要贡献或业内有相当的成功记录； 所进行的研究或工作对公司有相当程度的影响； 使命感驱动；坚守信念； 成为公司使命感/价值观的守护者、布道者； 对组织和事业的忠诚。
P12 及以上	业内顶尖人才，对于国际上相关领域的思想和实践都有独到的见解并颇受尊重，比较有名望； 对公司的发展做出重要贡献或业内有相当的成功记录； 能领导公司相关方面的研究、开创业界一些实践； 所倡导或所开创一些做法对公司的未来有深远的影响； 使命感驱动；坚守信念； 成为公司使命感/价值观的守护者、布道者； 对组织和事业的忠诚。

附录六 股权激励计划实施考核管理办法

为保证公司股权激励计划的顺利进行，进一步完善《中华人民共和国公司法》治理结构，形成良好均衡的价值分配体系，激励公司董事、高级管理人员和核心骨干人员诚信勤勉地开展工作，保证公司业绩稳步提升，确保公司发展战略和经营目标的实现，根据国家有关规定和公司实际，特制定本办法。

一、考核目的

进一步完善《中华人民共和国公司法》治理结构，建立和完善公司激励约束机制，保证股权激励计划的顺利实施，并在最大程度上发挥股权激励的作用，进而确保公司发展战略和经营目标的实现。

二、考核原则

考核评价必须坚持公正、公开、公平的原则，严格按照本办法和考核对象的业绩进行评价，以实现股权激励计划与激励对象工作业绩、贡献紧密结合，从而提高管理绩效，实现公司与全体股东利益最大化。

三、考核范围

本办法适用于股权激励计划所确定的所有激励对象，包括但不限于公司董事、高级管理人员及董事会认定的对公司整体业绩和持续发展有直接影响的其他骨干人员，具体考核名单见下表：

姓名	职务
	中层管理人员、核心业务（技术）人员（　　）人
	合计（　　）人

四、考核机构

公司董事会负责领导和组织考核工作，并负责对董事、高级管理人员及其他核心技术人员进行考核。

五、绩效考评评价指标及标准

1. 公司层面业绩考核

业绩指标的选取与考核分数财务业绩考核的指标主要包括：净资产收益率、净利润增长率、营业收入增长率。

本计划授予的股票期权，在行权期的____个会计年度中，分年度进行绩效考核并行权，以达到绩效考核目标作为激励对象的行权条件。各年度绩效考核目标如下表所示：

行权期	业绩考核目标
第一个行权期	等待期内归属于拟上市公司股东的净利润及归属于拟上市公司股东的扣除非经常性损益的净利润均不得低于授权日前最近3个会计年度的平均水平且不得为负。（起始年）净资产收益率不低于（ ）%；以（起始年）年度净利润为基数，公司（T+1）年度净利润较（起始年）复合增长率不低于（ ）%，以（起始年）年度营业收入为基数，公司（T+1）年度营业收入较（起始年）复合增长率不低于（ ）%。
第二个行权期	（T+2）净资产收益率不低于（ ）%，以（T+1）年度净利润为基数，公司（T+2）年度净利润较（T+1）复合增长率不低于（ ）%；以（起始年）年度营业收入为基数，公司（T+1）年度营业收入较（起始年）复合增长率不低于（ ）%。
第三个行权期	（T+4）净资产收益率不低于（ ）%，以（T+3）年度净利润为基数，公司（T+5）年度净利润较（T+4）复合增长率不低于（ ）%；以（T+3）年度营业收入为基数，公司（T+4）年度营业收入较（T+3）复合增长率不低于（ ）%。

若公司发生再融资行为，则融资当年以扣除融资数量后的净资产为计算依据。

净利润指归属于母公司所有者的扣除非经常性损益的净利润。

净资产收益率指扣除非经常性损益后的加权平均净资产收益率。

由本次股权激励产生的期权成本将在管理费用中列支。

若行权上一年度考核不合格，激励对象当年度股票期权的可行权额度不可行权，作废处理。

2. 个人层面业绩考核要求

根据公司制定的考核办法，目前对个人绩效考核结果共有S、A、B、C、D五档。若激励对象上一年度个人绩效考核结果为S/A/B档，则上一年度激励对象个人绩效考核为合格；若激励对象上一年度个人绩效效考核为 C/D 档，则上一年度激励对象个人绩效考核为不合格。

激励对象只有在上一年度绩效考核合格，才能全额获授或者行权当期激励股权。否则，按以下办法处理：

授予年度或等待期年度考核不合格，则取消激励对象获授资格；行权期考核不合格，期权则取消当期行权额度，期权份额由公司回购。

六、考核期间与次数

1. 考核期间激励对象获授或行使股票期权、获授或解锁限制性股票的前一会计年度。

2. 考核次数股票期权激励期间计划年度每年度一次。

七、行权

1. 董事会根据绩效考核报告，确定被激励对象的行权资格及行权数量。

2. 绩效考核结果作为股票期权行权或股权回购的依据。

八、考核程序

公司人力资源部在董事会的指导下负责具体的考核工作，保存考核结果，并在此基础上形成绩效考核报告上交董事会。

九、考核结果的反馈及应用

1. 被考核者有权了解自己的考核结果，董事会应当在考核结束五个工作日内向被考核者通知考核结果。

2. 如被考核者对考核结果有异议，可在接到考核通知的五个工作日内向董事会提出申诉，董事会可根据实际情况对其考核结果进行复核，并根据复核结果对考核结果进行修正。

3. 考核结果作为股票期权行权或回购的依据。

十、考核结果归档

1. 考核结束后，董事会办公室须保留绩效考核所有考核记录。

2. 为保证绩效激励的有效性，绩效记录不允许涂改，若需重新修改或重新记录，须当事人签字。

3. 绩效考核结果作为保密资料归档案保存，该计划结束三年后由董事会办公室负责统一销毁。

十一、附则

本办法由董事会负责制订、解释及修改，自董事会审议通过之日起开始实施。

XY 公司

____年____月____日

附录七 直接持股股权激励转让协议

转让方： ________（以下简称“甲方”）

护照号：________________________

住所：__________________________

受让方： ________（以下简称“乙方”）

身份证号码：___________________

住所：__________________________

鉴于

________（公司名）为依据中国法律设立并有效存续的有限责任公司，注册资本________万元人民币。

甲方持有公司________%的股权，甲方为了充分调动公司管理人员的工作积极性，激励对公司有特别贡献的优秀员工，促进公司持续、稳步、高速发展，增强公司管理人员的归属感，现根据有关法律、法规，甲方拟将其持有的公司________%的股权转让给乙方。为了保证股权转让和激励的顺利实施，保障公司、甲方和乙方的合法权益，双方根据“平等自愿、协商一致”的原则，签订本协议，明确双方的权利、义务，以共同遵守履行。

第一条　定义

1.1 股权，是指甲方根据本协议转让给乙方的公司股权，由于本次股权转让以较低的价格进行，所以本次股权转让对乙方具备一定的激励性。

1.2 股权转让款，是指乙方因获得股权而需要向甲方支付的款项。

1.3 股权转让完成日，是指双方共同办理股权变更登记手续完毕之日。

1.4 登记机构，是指对股权登记享有管辖权和/或管理权的有权政府部门。

1.5 法律，是指适用的法律、法规、条例、地方性法规、中央和地方政府规章和规范性文件、能构成法律渊源的司法解释和判例。

第二条　股权数量和认购价格

2.1 甲方按照乙方的职位、工作表现等，根据《________（公司名）股权激励计划》决定将甲方持有的公司________%的股权转让给乙方。

2.2 根据公司________年________月________日公司财务账面上明确的公司净资产值（不包括公司原股东已经决议分配的公司利润）乘以本次转让的股权比例确定本次股权转让的价格。

2.3 根据本协议 2.2 款确定的股权转让价格，即乙方需要支付给甲方的股权转让款为人民币________元。乙方应当在本协议签订之日起________个工作日内向甲方支付________元。

第三条 甲方的权利和义务

3.1 甲方保证并承诺，甲方按照本协议的约定将股权转让给乙方，不影响乙方原先在公司享有的薪资和福利。

3.2 甲方保证并承诺，将配合公司向登记机构办理关于本协议项下股权变更登记的手续。

第四条 乙方的权利和义务

4.1 自股权转让完成之日起，乙方有权参加公司利润分配，本次股权转让完成日之前公司的未分配利润（不包括公司原股东已经决议分配的利润），由公司新老股东共享。

4.2 自股权转让完成之日起，乙方成为公司正式股东，享有法律和公司章程规定的公司股东权利，包括但不限于表决权、决策权，但一定期限内乙方对所持的公司股权的处分权（包括但不限于转让、赠与等）受到本协议的限制。

第五条 权利的限制和相关利益安排

5.1 本协议签订之日起 36 个月内，除了本条规定的情况外，乙方不得处理本协议项下的股权（包括但不限于将本协议项下股权转让、赠与给乙方以外的第三人)。

5.2 出现如下情形时，乙方有义务以本协议约定的股权转让价格（本协议2.3款约定的价款）将股权转让给甲方或甲方指定的第三人：

5.2.1 本协议签订之日起36个月内，乙方离开公司的（不包括本协议5.3款规定的各种情况)；

5.2.2 本协议签订之日起36个月内，乙方有泄露公司商业和/或技术秘密行为的；

5.2.3 本协议签订之日起36个月内，乙方为了自身利益或者任何第三方（包括但不限于单位和自然人）利益，从事与公司有同业竞争关系的行为；

5.2.4 本协议签订之日起36个月内，乙方有其他严重损害公司利益或严重违反公司制度和劳动纪律行为的。

5.3 本协议签订之日起36个月内，乙方因为以下情形离开公司的不视为对本协议的违反，乙方处理本协议项下股权不受本协议的限制：

5.3.1 乙方因退休而离开公司的；

5.3.2 乙方因丧失劳动能力而离开公司的；

5.3.3 乙方因精神病丧失民事行为能力离开公司的；

5.3.4 乙方没有严重违反公司劳动纪律或严重损害公司利益行为的情况下，甲方因经营需要而主动解除劳动合同的。

第六条 股权的回购

发生如下情形之一时，公司有权终止实施激励计划。激励对象尚未取得公司权益的则不再享有该等权利。激励对象已购买并持有公司权益的，由公司指定的第三方强制回购，回购价格为该激励对象购买公司权益时的价格与公司净资产价格中的低者。激励对象必须在正式离职前协助完成相关股权过户登记手续。这些情形包括：

6.1 激励对象有触犯法律、违反职业道德、泄露公司机密、严重失职或渎职等行为；

6.2 激励对象因不能胜任工作岗位、考核不合格或违反公司其他劳动纪律而和公司解除劳动合同；

6.3 激励对象违反竞业禁止规定，在公司工作期间或离开公司的三年内，在同类企业任职的，均视作违反同业竞争限制；

6.4 激励对象劳动合同期限未满提前辞职的或者本次股权激励计划有效期内主动离职的；

6.5 激励对象私自转让获授的公司权益，或者将其用于担保或偿还债务的；

6.6 激励对象死亡或宣告死亡，其继承人不愿意成为公司间接股东的；

6.7 在公司上市后，若发生上述第1款情形之一的，该公司股东间接持有的尚未出售或转让的公司股份应由公司创始股东回购，回购价格为该公司股东购买公司权益时的价格。

第七条　违约责任

本协议任何一方在本协议中所作的任何陈述与保证是错误或不真实

的，或该陈述与保证并未得以及时、适当地履行，则应视为该方违约，或任何一方违反其在本协议项下的任何义务或责任，或者未按照本协议的条款和条件履行本协议项下的义务、责任或者承诺，均构成本协议项下之违约。任何一方违约，违约方除应履行本协议规定的其他义务外，还有义务赔偿守约方因其违约所遭受的损失、损害、费用和责任以及承担本协议其他条款和条件约定的或者本协议所适用法律规定的其他违约责任。

第八条　争议的解决

因本协议发生的争议，应当协商解决，协商不成的，提请________________仲裁委员会按其仲裁规则进行仲裁。

第九条　保密义务

9.1 甲方和乙方有义务对本协议的内容进行保密。甲方除了根据工作的需要向公司其他股东或其他相关人员透露本协议内容外，不得向其他任何人员透露本协议内容。

9.2 乙方不得将本协议的内容向任何人透露，也不得向公司其他管理人员打听其受让的股权情况。

9.3 乙方如泄露本协议内容的，甲方可以要求乙方按照第五条的规定将股权返还甲方或给予甲方补偿。

第十条　其他

10.1 公司的其他所有股东保证并承诺在按照本协议向乙方转让公司

股权时，相互放弃对本协议项下股权的优先受让权。

10.2 本协议项下股权转让和其他法律行为涉及的国家税收（包括但不限于个人所得税等），按照法律、法规及其他规范性文件规定由协议双方各自承担，如果规定未明确由哪一方承担的，则由甲方和乙方各半承担。

10.3 本协议为本次股权转让的最终协议，如协议双方在本次之前签订的其他协议或文件的内容与本协议不一致的，均以本协议为准。

10.4 本协议一式______份，双方各执______份，每一份均具有同等的法律效力。

10.5 本协议自双方签订后生效。

（本页以下无正文，为股权转让签字页）

甲方（签字）：__________

乙方（签字）：__________

附录八 虚拟股权激励协议

本员工虚拟股权激励协议（以下简称“本协议”）由下列双方于__________（日期）在中华人民共和国__________（地点）签订

__________（公司）（以下简称“甲方”）

地址：____________

法定代表人或授权代表：____________

联系方式：____________

__________（员工）（以下简称“乙方”）

身份证号：____________

联系方式：____________

鉴于

1. 甲方是一家依照中华人民共和国法律在______（注册地）注册成立的有限责任公司；乙方是甲方依照《中华人民共和国劳动法》《中华人民共和国劳动合同法》及相关法律法规（以下简称“劳动相关法律

法规”）与之缔结合法有效劳动关系的员工，享有法律法规规定的劳动者权利、义务。

2. 根据甲方的《__________（内部员工激励计划文件名）》（以下简称“员工激励计划”），甲方制定本计划能够提高员工的工作表现，增强员工对甲方的归属感、责任感，符合甲方的公司最佳利益。

3. 根据《__________（公司绩效考评文件）》，甲方同意对达到绩效考评要求的员工根据员工激励计划授予虚拟股权激励。

因此，甲方和乙方经协商一致，在此按照以下条款签订本协议。

第一条　定义

1.1 虚拟股权

1.1.1 本协议中的虚拟股权并非体现所有者权利的甲方股权，而是一种无资金支持的、记载于账簿的、用于执行员工激励计划的计算单位。虚拟股权以“股”为计量单位。每一股虚拟股权代表一（1）元甲方注册资本对应的甲方股权价值，称为“虚拟股权当期价值”。虚拟股权当期价值每年计算一次。

1.1.2 每一（1）元甲方公司注册资本对应的甲方股权价值为：甲方总股权价值除以甲方注册资本所得之商，即1股虚拟股权当期价值＝1元甲方注册资本的股权价值＝（甲方总股权价值/甲方注册资本）。

1.1.3 甲方的总股权价值为经会计师事务所审计后的甲方注册资本与资本公积之和。甲方的总股权价值每年计算一次，以当年经会计师事务所审计后的财务会计报告上记载的甲方注册资本与公司资本公积数目之和为准。

1.1.4 虚拟股权当期价值的计算公式为：1 股虚拟股权当期价值 =（甲方注册资本 + 甲方资本公积）/甲方注册资本。

1.1.5 甲方拟用于员工激励计划的全部虚拟股权对应甲方______%限制性股权。甲方承诺将确保授予乙方的虚拟股权具有对应甲方真实股权的可计算价值。

1.2《虚拟股权登记簿》

《虚拟股权登记簿》（以下简称“登记簿”）是证明乙方所享有的虚拟股权权利的文件。登记簿由甲方制作并保管。登记簿上的登记内容应包括以下事项：虚拟股权持有人姓名、身份证号，虚拟股权数额、当期价值，虚拟股权授予时间、年度分红时间、虚拟股权结算时间，以及被授予人签名栏。乙方应将登记簿中登记事项与确认书（见本协议 1.3 条）中所记载内容核实，核实无误后应在登记簿中签名栏签字确认。未经虚拟股权所有权人签字确认的登记事项无效。

1.3《虚拟股权授予确认书》《虚拟股权分红确认书》《虚拟股权结算确认书》

《虚拟股权授予确认书》《虚拟股权分红确认书》《虚拟股权结算确认书》（以下简称“确认书”）为甲方与乙方签订的授予乙方一定数额的甲方的虚拟股权的协议，及根据乙方持有的虚拟股权进行的分红、结算事项的协议。该协议应当写明乙方的年度绩效考核情况，甲方授予乙方虚拟股权的时间、数额，虚拟股权当期价值、虚拟股权年度分红时间和结算时间；虚拟股权分配后，相应的确认书应当包括乙方每年应得的相应的分红金额或/和虚拟股权结算收益金额。确认书中涉及虚拟股权的内容应当与《虚拟股权登记簿》所记载事项一致，且不得遗漏。如登记簿与确认书不一致，以登记簿为准。

1.4 虚拟股权当期价值计算日

虚拟股权当期价值计算日（以下简称“计算日”），为每一年______（日期）。当期价值计算依据以截止计算日最新的当年经会计师事务所审计后的财务会计报告上记载的公司注册资本与公司资本公积数目之和为准。甲方应当于不晚于计算日后的第二个工作日以书面的方式（包括但不限于公司内文件公告、群发电子邮件等方式）公布当年度的虚拟股权当期价值，并将该文件存档备案，与登记簿一并保管。

第二条 虚拟股权的分配

2.1 甲方在此根据本协议规定的条件和确认书中的数额授予乙方虚拟股权。该虚拟股权独立于乙方《劳动合同》中约定的按月和/或按季度支付的______（工资、绩效奖金等）收入。除乙方以书面形式同意以虚拟股权折抵上述收入，该虚拟股权不得折抵乙方上述收入。

2.2 在签署本协议前，甲方应在登记簿上记录甲方授予乙方虚拟股权一事。登记簿上的登记事项应包括以下事项：姓名、身份证号、虚拟股权数额、虚拟股权当期价值、授予时间、年度分红时间、虚拟股权结算时间、被授予人签名。甲方应在确认书中载明《虚拟股权登记簿》中登记事项，乙方确认无误后，应在确认书和登记簿上签字确认。

2.3 乙方受领甲方授予的虚拟股权，不需要支付相应对价。乙方在此确认，自乙方签署确认书时，乙方认可甲方已履行完毕授予乙方虚拟股权的必要手续，且乙方已不可撤销地受领了甲方授予的虚拟股权。

2.4 虚拟股权根据乙方年度绩效考评情况，每年分配一次。

绩效考评方案和考评结果应当向甲方全体员工公开，并且接收甲方全体员工监督。

按绩效分配虚拟股权的方案如下：

每年计算日后两个工作日内，公司公布虚拟股权分配基数，根据乙方绩效考评情况确定分配系数，分配基数与分配系数之积为应当授予乙方的虚拟股权数。

绩效考评分为 A、B、C、D 四等，其中 A 等分为 A+、A 两小等，B 等分为 B+、B、B-三小等，对应的分配系数如下：

A+：获得虚拟股权分配基数 120% 的虚拟股权；

A：获得虚拟股权分配基数 100% 的虚拟股权；

B+：获得虚拟股权分配基数 90% 的虚拟股权；

B：获得虚拟股权分配基数 80% 的虚拟股权；

B-：获得虚拟股权分配基数 70% 的虚拟股权；

C、D：不参与虚拟股权分配。

2.5 甲方认为有必要时，由甲方人力资源部门提出申请，经董事会简单多数同意，可以在本协议第 2.4 条规定的时间外向新招聘的员工分配虚拟股权。该员工获得虚拟股权之日视为第一年，其在被授予虚拟股权后的第一个分红日直接参与本协议第 3.2 条规定的第二年 1/3 分红收益。

第三条　虚拟股权的分红和结算

3.1 虚拟股权的分红、结算周期

3.1.1 虚拟股权的分红和结算以五年为一个周期。其中，第一年为虚拟股权分配年，当年乙方不享有分红的权利；第五年为虚拟股权的结算年，当年乙方享有分红的权利。同时，乙方应当向甲方结算虚拟股权，取得虚拟股权当期价值增长的收益。

3.1.2 乙方每一年获得的虚拟股权应当分别计入不同的分红、结算周期，不得与其他年度获得的虚拟股权一并计算。

3.1.3 若甲方和乙方解除劳动合同，则乙方的虚拟股权清零。乙方不得向甲方主张未分配的分红和结算收益。

3.2 虚拟股权的分红

3.2.1 乙方按照如下方式取得分红：

第一年：不分红；

第二年：取得当年应得分红额的1/3；

第三年：取得当年应得分红额的2/3；

第四年：取得当年应得分红额的全部；

第五年：取得当年应得分红额的全部，并结算虚拟股权。

3.2.2 每一年度计算日后的五个工作日内，甲方应当公布当年每股虚拟股权的分红计划，并按照本协议约定的分红额将相应金额的分红转入乙方工资账户内，甲方转账日不得晚于计算日后的第一个发薪日。

3.3 虚拟股权的结算

3.3.1 甲方应当按照登记簿上记载的虚拟股权结算日，在结算日后的五个工作日内与乙方结清虚拟股权的结算收益，并将相应金额的结算收益转入乙方工资账户内，甲方转账日不得晚于计算日后的第一个发薪日。如果结算日虚拟股权当期价值低于乙方被授予虚拟股权时的虚拟股权当期价值，则乙方结算收益为零。

3.3.2 劳动关系存续期内，未经甲方与该周期全部乙方（以登记簿中该周期虚拟股权持有人名单为准）以书面形式达成一致协议，虚拟股权不得提前或推迟结算。

第四条　甲乙双方的陈述和保证、权利和义务

4.1 甲乙双方的陈述和保证

4.1.1 甲乙双方在此确认，本协议不构成甲方对乙方劳动合同期限的变更或许诺变更。甲乙双方签署本协议不代表甲方以任何形式明示或暗示乙方：甲方将延长或同意延长乙方的劳动合同期限，或甲方放弃依照劳动相关法律法规规定拒绝续聘乙方、提前解除与乙方劳动合同的权利。

4.1.2 乙方在此确认，本协议中规定的虚拟股权分配、分红和结算收益，乙方仅对乙方已签署的确认书中载明的当年即将分配或即将支付的份额或收益享有权利；其他份额、收益均未实际授予乙方，且该份额、收益可能变更或消灭，乙方不对上述份额或收益享有期待利益，亦不得主张基于对上述份额或收益的信赖向甲方主张违约责任、期待利益损失及其他救济权利。

4.2 甲方的权利和义务

4.2.1 甲方有权按照《__________（公司绩效考评文件）》对乙方进行考评，并根据考评结果确定乙方应得的虚拟股权数额。考评结果应当符合正态分布，甲方应当确保绩效考评制度公正、公开。

4.2.2 甲方应当按照约定的日期及时处理虚拟股权的分配、分红和结算事项。未经乙方同意，不得推迟或提前相应日期。

4.2.3 未经乙方同意，甲方不得变更已授予乙方的虚拟股权数额和分红数额。

4.2.4 甲方承诺将其__________%股份冻结，该部分股权不得以任何形式转让给公司股东或第三方，或设立股权抵押、质押、利用股权为他人提供担保或在其上设立任何上述未提及的第三方权利。

4.2.5 甲方有义务遵守中华人民共和国税务方面法律法规，甲方应当在分配虚拟股权分配、虚拟股权分红或结算前代扣、代缴乙方应缴纳的个人所得税及其他税款。

4.3 乙方的权利义务

4.3.1 乙方的工作表现是乙方考评结果和虚拟股权分配的重要依据。乙方应当积极遵守甲方《员工守则》，勤勉尽责，按时优质完成工作任务。

4.3.2 乙方对于考评结果或虚拟股权分配有异议，应当根据《员工守则》通过正当渠道向上级领导反映，或按照本协议第七条争议解决条款向甲方人力资源部门书面提出异议并要求回应，若甲方书面答复后乙方仍有争议，应当按照本协议第七条争议解决条款提起仲裁处理。

4.3.3 乙方应当遵守中华人民共和国有关税务的法律法规，按照法律规定缴纳因虚拟股权分红和结算收益产生的税款。

第五条 保密条款

5.1 本协议及其补充协议、登记簿、每年向员工公开的文件（包括但不限于当期虚拟股权价值、分红计划等文件）均属于保密信息。甲乙双方应尽一切合理之努力，确保本协议及其补充协议、相关文件的所有保密信息的保密性。

5.2 未经甲方事先书面同意，乙方不得向任何非甲方员工披露、提供该保密信息。但为解决法律纠纷之需要，乙方可以聘请专业律师，在签署保密协议后向该专业律师及其辅助人披露该保密信息。一旦本协议终止，乙方应按甲方要求归还所有包含保密信息的文件、材料，从任何相关记忆存储设备中删除所有保密信息电子数据，并且应停止使用该等保密信息。

5.3 甲方应当建立合理的保密制度，确保本协议内容、登记簿及其他相关文件不为非甲方员工所知悉；但当甲方处理需要披露本协议的事项（包括但不限于接受投资、并购，处理财务、法律事宜等）时，甲方有权向处理相应事务的专业人员在签署保密协议后提供保密信息。

第六条 违约情形和违约责任

6.1 甲方出于公司治理需要，可以在不违反中华人民共和国法律的范围内对员工激励计划进行变更；除变更涉及乙方已签署的确认书中已确定的乙方权利外，该变更不得视为违约。

6.2 乙方违反本协议第4.1款、4.3款和第五条规定的，视为违约。甲方有权向乙方主张包括取消乙方已获得的虚拟股权、虚拟股权分红和虚拟股权结算收益在内的违约责任。

第七条　争议解决

因解释和履行本协议任何规定而发生的任何争议，协议双方应首先通过友好协商的方式加以解决。如果在一方向另一方发出要求协商解决的书面通知后三十天之内争议仍然得不到解决，则任何一方均可将有关争议提交给__________（公司所在地仲裁机构名称，需唯一），由该仲裁机构按照其现行的仲裁规则仲裁解决。仲裁应在__________（公司所在地）进行，仲裁语言为中文。仲裁裁决是终局性的，对双方均具有约束力。

第八条　不可抗力

8.1 不可抗力指当事一方无法合理控制和无法合理避免的任何事件，包括但不限于政府行为、自然灾害、火灾、爆炸、地理变化、台风、洪水、地震、海潮、雷电和战争等。受不可抗力事件影响的一方，在寻求免于承担本协议或本协议任何规定项下的责任时，须尽快向另外一方发出有关该不可抗力事件的通知，并告知恢复履行该等责任将要采取的步骤。

8.2 受不可抗力影响的一方应免于承担对本协议项下相应事件的任

何责任。除非受影响方已尽其最大合理的实际努力履行了其义务，否则其不应免于承担该履约义务，且该免除应仅限于延迟或受限履约的部分。一旦该等免除的原因已经改正或消除，各方应当尽最大努力继续履行本协议项下的义务。

第九条　法律适用

本协议应当依据中华人民共和国法律履行、解释、签署。

第十条　通知

依照本协议发出的所有通知和其他通信应使用中文书写，在尊重员工个人隐私并保证激励制度公开透明的前提下，通过公司内部文件公示或电子邮件的方式进行通知。采用内部文件公示的方式，以乙方收到该文件并签收之日为送达日期；采用电子邮件的方式进行通知，以发送方电子邮件服务器上显示的成功送达时间为准。

第十一条　协议的可分性

如果本协议有任何规定因与相关法律相冲突而无效或不可执行，仅可视为此规定根据该等法律无效，但本协议其他规定的有效性不应因此受到影响。

第十二条　协议的生效、修改与补充

12.1 本协议自甲乙双方签署时生效。每一个周期的虚拟股权分红、结算计划，自乙方签署当期确认书时生效。

12.2 本协议长期有效。除非甲方与全部乙方（以当时登记簿中虚拟股权持有人名单为准）以书面形式达成一致协议变更协议内容，本协议内容不得变更。经过双方签署的有关本协议的修改协议和补充协议是本协议组成部分，与本协议具有同等法律效力。

第十三条　其他事项

13.1 本协议一式三份，甲乙双方各执一份，一份留存公司存档，与登记簿一并保管。

13.2《虚拟股权登记簿》《虚拟股权授予确认书》《虚拟股权分红确认书》《虚拟股权结算确认书》为本协议不可分割的一部分，与本协议一并生效。当上述文件记载事项不同时，以《虚拟股权登记簿》为准。

本协议由甲乙双方在上述日期签署订立，特此为证。

（以下无正文，为本协议签字页）

甲方： ____________（公司）

签章：____________

授权代表：____________（姓名）

日期：____________

乙方： ____________（姓名）

日期：____________

附件一：《虚拟股权登记簿》范本

序号	姓名	身份证号	虚拟股权数额（股）	虚拟股权当期价值（元）	授予时间	年度分红日	结算日	经办人	被授予人签名

注：虚拟股权登记应当按照年份分类，以便于管理。

附件二：《虚拟股权授予确认书》

____________有限责任公司

虚拟股权授予确认书

____________（公司文件编号）

____________：

根据您上一年度的工作表现，公司对您的绩效评价为 A +，根据《__________（绩效考评方案）》和《__________（公司）员工虚拟股权激励协议》，现按照________%的乘数授予您虚拟股权。根据公司决定，上一年度公司虚拟股权授予基数为______股，因此，公司决定授予您______股虚拟股权。该股权从下一年______月______日起按照《__________（公司）员工虚拟股权激励协议》中的规定每年分红一次至虚拟股权清算之日为止。

签署本《虚拟股权授予确认书》，则表明您已确认《虚拟股权登记簿》上的信息与本《虚拟股权授予确认书》一致，且您已同意不可撤销地受领相应虚拟股权份额。

被授予人：__________　　　　__________（公司）

签名：__________　　　　（盖章）

日期：__________　　　　__________（日期）

附件三：《虚拟股权分红确认书》

__________有限责任公司

虚拟股权分红确认书

__________（公司文件编号）

____________：

公司本年度虚拟股权分红定为______元/股。根据您持有的虚拟股权情况，公司对您持有的虚拟股权分红分别计算如下：

2015 年虚拟股权 Y 股，本年度应得分红 Y×2/3，共计 A 元；

2016 年虚拟股权 Z 股，本年度应得分红 Z×1/3，共计 B 元；

2017 年虚拟股权 W 股，本年度应得分红为 W×0，共计 C 元。

您本年度累计应得分红为 A + B + C 元。

签署本《虚拟股权分红确认书》，则表明您已确认您持有的虚拟股权分红信息准确无误，且您已同意不可撤销地受领相应分红金额。公司将从该金额中代为扣除您需要缴纳的个人所得税，于______个工作日内将款项支付到您工资账户。

受领人：____________ ____________（公司）

签名：____________ （盖章）

日期：____________ ____________（日期）

附件四：《虚拟股权结算确认书》

____________有限公司虚拟股权结算确认书

____________（公司文件编号）

____________：

您______年度取得的______股虚拟股权已到结算日。______年您取得该股权时，每股虚拟股权的当期价值为______元，现每股虚拟股权的当期价值为______元，根据《员工虚拟股权激励协议》的约定，您可以获得虚拟股权结算收益______元。

签署本《虚拟股权结算确认书》，则表明您已确认您持有的虚拟股权结算收益信息准确无误，您________年持有的虚拟股权已结算完毕，您不再就该虚拟股权享有分红权利，且您已同意不可撤销地受领相应结算收益金额。公司将从该金额中代为扣除您需要缴纳的个人所得税，于________个工作日内将款项支付到您工资账户。

受领人：____________　　　　　　　　____________（公司）

签名：____________　　　　　　　　　　　　（盖章）

日期：____________　　　　　　　　____________（日期）

附录九　股权代持协议

本协议于__________年______月______日在______签署：

委托方：__________（以下简称“甲方”）

住所：____________________

法定代表人：____________

受托方：____________________（以下简称“乙方”）

住所：____________________

法定代表人：____________

鉴于

1. __________　有限公司（企业注册号为__________，以下简称“目标公司”）为中国境内合法设立且有效存续的有限责任公司，住所为__________，法定代表人为__________，注册资本为人民币__________万元。

2. 目标公司现登记在册的股东和股权架构为：__________。

3. 甲方愿将其实际持有的目标公司__________的股权（以下简称“协议股权”）委托乙方持有，乙方接受甲方的委托。

据此，甲、乙双方经友好协商一致，达成如下协议。

一、委托持股

甲方同意按本协议的条款和条件委托乙方持有协议股权，乙方同意按本协议的条款和条件接受委托，代为持有协议股权。

二、委托事项

1. 甲方将协议股权所代表的除所有权及收益权以外的其他权利均委托乙方行使，包括但不限于：

a. 依目标公司章程被选举为目标公司董事、监事；

b. 代表甲方以目标公司股东的身份参加股东会议；

c. 依目标公司章程的规定，按照甲方指示内容，以其持有的协议股权享有表决权；

d. 目标公司章程规定股东享有的其他管理目标公司和监督目标公司运营的权利。

2. 甲方委托乙方代收由协议股权而产生的收益权和其他财产权益，包括：

a. 依据协议股权所享有的目标公司收益；

b. 转让协议股权的价款；

c. 由目标公司利润、资本公积金等转增的股权收益；

d. 优先认购目标公司增资的权利；

e. 目标公司清算后剩余财产的返还；

f. 目标公司章程规定股东应享有的其他财产权益。

乙方应及时代表甲方行使以上权利或权益，并于权利或权益取得的次日将所获得的收益转交甲方，或将所得到的权利交由甲方行使。

3. 乙方同意接受甲方的委托并依本协议无偿履行其受托义务。

三、甲方的权利和义务

1. 甲方根据本协议和目标公司章程的规定，依其持有的协议股权享有相关权益，即按其委托的协议股权最终享有目标公司的收益和相应的财产权益。

2. 甲方在任何时间均有权要求乙方将其持有的协议股权转让给甲方或者甲方指定的第三方。

3. 甲方是上述协议股权的实际出资人，依目标公司章程的规定以其所持协议股权为限承担责任。

4. 乙方在受托范围内行使权利所导致的任何责任均由甲方承担。

5. 本协议规定的由甲方履行的其他义务。

四、乙方的权利和义务

1. 乙方依据本协议第二条第 1 款的委托事项享有目标公司股东之权利。

2. 乙方在服从甲方委托指令的前提下，依据本协议第二条第 2 款的委托事项代为行使目标公司股东之权利。

3. 按本协议的规定接受甲方的委托。

4. 在甲方要求乙方将其持有的协议股权转让给甲方或者甲方指定的第三方时，乙方必须无条件予以配合。

5. 乙方应本着诚实信用的原则，忠实、尽职地履行本协议，并应尽合理的注意义务。

6. 乙方应善意行事，与甲方共同协商处理本协议未尽的事宜。

7. 本协议规定的由乙方履行的其他义务。

五、甲方的陈述与保证

1. 甲方具有完全民事行为能力。

2. 甲方拥有协议股权并有充分的权利签署本协议。

3. 本协议的签署和履行并不违反有关法规、目标公司章程或其他组织规则中的任何条款，或与之相冲突。

六、乙方的陈述与保证

1. 乙方具有完全民事行为能力。

2. 乙方将忠实地依据甲方的意愿履行本协议项下的委托事项，并承诺除非委托期限届满或发生本协议第八条或法律法规规定的终止情况，乙方将不辞去本协议项下的委托。

3. 除非在甲方书面同意的情况下，乙方不得再将本协议项下的委托事宜委托他人。

4. 乙方承诺并保证不将应由甲方享有协议股权的收益据为己有。

5. 乙方承诺在行使本协议第二条之委托事项时，将尽责地通知甲方，在不违反目标公司章程有关规定的前提下，最大限度地按甲方的意愿行使权利。

6. 乙方不得将协议股权在未经甲方书面同意的情况下转让给第三方。

7. 乙方不得在未经甲方书面同意的情况下，在协议股权上设置任何妨害协议股权行使的权利，包括但不限于设置抵押、质押、留置等担保权利。

七、委托期限和终止条件

1. 本协议项下的委托期限自本协议签署之日起______年。

2. 如发生下列情况之一，应提前终止本协议：

a. 目标公司在委托期限内解散、清算或破产；

b. 法律法规规定的其他需要终止本协议的情况。

3. 如发生下列情况之一时，可提前终止本协议：

a. 乙方发生重大事项以至于威胁到本协议的履行；

b. 有关法律法规、政策环境或目标公司的实际情况发生变化，使本协议的安排成为不必要时。

发生本条所列各种情况之一时，甲乙双方可以书面形式终止本委托协议，任何一方不必承担解约责任，但乙方应履行协助甲方变更股权的义务。

4. 本委托届满前三十天，如未发生需要终止委托的情形，甲乙双方应当以书面形式再续签委托协议，委托期限可视当时实际情况具体协商。

八、协议的变更和解除

1. 如发生下列情况之一时，可变更或解除本协议，但双方必须就此签署书面协议：

a. 由于不可抗力或一方当事人虽无过失但无法防止的外因，致使本协议无法履行；

b. 由于任何一方违约，严重影响了守约方的利益，使本协议的履行成为不必要。

九、争议的解决

凡因本协议引起的或与本协议有关的任何争议，由双方协商解决。若协商不成，则任何一方均可就争议事项向目标公司所在地有管辖权的法院起诉。

十、生效

本协议经甲方、乙方签字后立即生效。

十一、其他

本协议正本一式____份，甲、乙双方各执____份，共同提交目标公司一份，每份文本具有同等法律效力。

（以下无正文，为本协议签字页）

甲方：

法定代表人或经授权代表________________（签名）

乙方：

法定代表人或经授权代表________________（签名）

附录十 中华人民共和国合伙企业法

（1997 年 2 月 23 日第八届全国人民代表大会常务委员会第二十四次会议通过 2006 年 8 月 27 日第十届全国人民代表大会常务委员会第二十三次会议修订 2006 年 8 月 27 日中华人民共和国主席令第 55 号公布 自 2007 年 6 月 1 日起施行）

目 录

第一章　总　　则

第一条　为了规范合伙企业的行为，保护合伙企业及其合伙人、债权人的合法权益，维护社会经济秩序，促进社会主义市场经济的发展，制定本法。

第二条　本法所称合伙企业，是指自然人、法人和其他组织依照本法在中国境内设立的普通合伙企业和有限合伙企业。

普通合伙企业由普通合伙人组成，合伙人对合伙企业债务承担无限连带责任。本法对普通合伙人承担责任的形式有特别规定的，从其规定。

有限合伙企业由普通合伙人和有限合伙人组成，普通合伙人对合伙企业债务承担无限连带责任，有限合伙人以其认缴的出资额为限对合伙企业债务承担责任。

第三条　国有独资公司、国有企业、上市公司以及公益性的事业单位、社会团体不得成为普通合伙人。

第四条　合伙协议依法由全体合伙人协商一致、以书面形式订立。

第五条　订立合伙协议、设立合伙企业，应当遵循自愿、平等、公平、诚实信用原则。

第六条 合伙企业的生产经营所得和其他所得，按照国家有关税收规定，由合伙人分别缴纳所得税。

第七条 合伙企业及其合伙人必须遵守法律、行政法规，遵守社会公德、商业道德，承担社会责任。

第八条 合伙企业及其合伙人的合法财产及其权益受法律保护。

第九条 申请设立合伙企业，应当向企业登记机关提交登记申请书、合伙协议书、合伙人身份证明等文件。

合伙企业的经营范围中有属于法律、行政法规规定在登记前须经批准的项目的，该项经营业务应当依法经过批准，并在登记时提交批准文件。

第十条 申请人提交的登记申请材料齐全、符合法定形式，企业登记机关能够当场登记的，应予当场登记，发给营业执照。

除前款规定情形外，企业登记机关应当自受理申请之日起二十日内，作出是否登记的决定。予以登记的，发给营业执照；不予登记的，应当给予书面答复，并说明理由。

第十一条 合伙企业的营业执照签发日期，为合伙企业成立日期。

合伙企业领取营业执照前，合伙人不得以合伙企业名义从事合伙业务。

第十二条 合伙企业设立分支机构，应当向分支机构所在地的企业登记机关申请登记，领取营业执照。

第十三条 合伙企业登记事项发生变更的，执行合伙事务的合伙人应当自作出变更决定或者发生变更事由之日起十五日内，向企业登记机关申请办理变更登记。

第二章　普通合伙企业

第一节　合伙企业设立

第十四条　设立合伙企业，应当具备下列条件：

（一）有二个以上合伙人。合伙人为自然人的，应当具有完全民事行为能力；

（二）有书面合伙协议；

（三）有合伙人认缴或者实际缴付的出资；

（四）有合伙企业的名称和生产经营场所；

（五）法律、行政法规规定的其他条件。

第十五条　合伙企业名称中应当标明“普通合伙”字样。

第十六条　合伙人可以用货币、实物、知识产权、土地使用权或者其他财产权利出资，也可以用劳务出资。

合伙人以实物、知识产权、土地使用权或者其他财产权利出资，需要评估作价的，可以由全体合伙人协商确定，也可以由全体合伙人委托法定评估机构评估。

合伙人以劳务出资的，其评估办法由全体合伙人协商确定，并在合伙协议中载明。

第十七条　合伙人应当按照合伙协议约定的出资方式、数额和缴付期限，履行出资义务。

以非货币财产出资的，依照法律、行政法规的规定，需要办理财产权转移手续的，应当依法办理。

第十八条　合伙协议应当载明下列事项：

（一）合伙企业的名称和主要经营场所的地点；

（二）合伙目的和合伙经营范围；

（三）合伙人的姓名或者名称、住所；

（四）合伙人的出资方式、数额和缴付期限；

（五）利润分配、亏损分担方式；

（六）合伙事务的执行；

（七）入伙与退伙；

（八）争议解决办法；

（九）合伙企业的解散与清算；

（十）违约责任。

第十九条　合伙协议经全体合伙人签名、盖章后生效。合伙人按照合伙协议享有权利，履行义务。

修改或者补充合伙协议，应当经全体合伙人一致同意；但是，合伙协议另有约定的除外。

合伙协议未约定或者约定不明确的事项，由合伙人协商决定；协商不成的，依照本法和其他有关法律、行政法规的规定处理。

第二节　合伙企业财产

第二十条　合伙人的出资、以合伙企业名义取得的收益和依法取得的其他财产，均为合伙企业的财产。

第二十一条　合伙人在合伙企业清算前，不得请求分割合伙企业的财产；但是，本法另有规定的除外。

合伙人在合伙企业清算前私自转移或者处分合伙企业财产的，合伙企业不得以此对抗善意第三人。

第二十二条 除合伙协议另有约定外，合伙人向合伙人以外的人转让其在合伙企业中的全部或者部分财产份额时，须经其他合伙人一致同意。

合伙人之间转让在合伙企业中的全部或者部分财产份额时，应当通知其他合伙人。

第二十三条 合伙人向合伙人以外的人转让其在合伙企业中的财产份额的，在同等条件下，其他合伙人有优先购买权；但是，合伙协议另有约定的除外。

第二十四条 合伙人以外的人依法受让合伙人在合伙企业中的财产份额的，经修改合伙协议即成为合伙企业的合伙人，依照本法和修改后的合伙协议享有权利，履行义务。

第二十五条 合伙人以其在合伙企业中的财产份额出质的，须经其他合伙人一致同意；未经其他合伙人一致同意，其行为无效，由此给善意第三人造成损失的，由行为人依法承担赔偿责任。

第三节 合伙事务执行

第二十六条 合伙人对执行合伙事务享有同等的权利。

按照合伙协议的约定或者经全体合伙人决定，可以委托一个或者数个合伙人对外代表合伙企业，执行合伙事务。

作为合伙人的法人、其他组织执行合伙事务的，由其委派的代表执行。

第二十七条 依照本法第二十六条第二款规定委托一个或者数个合伙人执行合伙事务的，其他合伙人不再执行合伙事务。

不执行合伙事务的合伙人有权监督执行事务合伙人执行合伙事务的情况。

第二十八条 由一个或者数个合伙人执行合伙事务的，执行事务合伙人应当定期向其他合伙人报告事务执行情况以及合伙企业的经营和财务状况，其执行合伙事务所产生的收益归合伙企业，所产生的费用和亏损由合伙企业承担。

合伙人为了解合伙企业的经营状况和财务状况，有权查阅合伙企业会计账簿等财务资料。

第二十九条 合伙人分别执行合伙事务的，执行事务合伙人可以对其他合伙人执行的事务提出异议。提出异议时，应当暂停该项事务的执行。如果发生争议，依照本法第三十条规定作出决定。

受委托执行合伙事务的合伙人不按照合伙协议或者全体合伙人的决定执行事务的，其他合伙人可以决定撤销该委托。

第三十条 合伙人对合伙企业有关事项作出决议，按照合伙协议约定的表决办法办理。合伙协议未约定或者约定不明确的，实行合伙人一人一票并经全体合伙人过半数通过的表决办法。

本法对合伙企业的表决办法另有规定的，从其规定。

第三十一条 除合伙协议另有约定外，合伙企业的下列事项应当经全体合伙人一致同意：

（一）改变合伙企业的名称；

（二）改变合伙企业的经营范围、主要经营场所的地点；

（三）处分合伙企业的不动产；

（四）转让或者处分合伙企业的知识产权和其他财产权利；

（五）以合伙企业名义为他人提供担保；

（六）聘任合伙人以外的人担任合伙企业的经营管理人员。

第三十二条 合伙人不得自营或者同他人合作经营与本合伙企业相竞争的业务。

除合伙协议另有约定或者经全体合伙人一致同意外，合伙人不得同本合伙企业进行交易。

合伙人不得从事损害本合伙企业利益的活动。

第三十三条 合伙企业的利润分配、亏损分担，按照合伙协议的约定办理；合伙协议未约定或者约定不明确的，由合伙人协商决定；协商不成的，由合伙人按照实缴出资比例分配、分担；无法确定出资比例的，由合伙人平均分配、分担。

合伙协议不得约定将全部利润分配给部分合伙人或者由部分合伙人承担全部亏损。

第三十四条 合伙人按照合伙协议的约定或者经全体合伙人决定，可以增加或者减少对合伙企业的出资。

第三十五条 被聘任的合伙企业的经营管理人员应当在合伙企业授权范围内履行职务。

被聘任的合伙企业的经营管理人员，超越合伙企业授权范围履行职务，或者在履行职务过程中因故意或者重大过失给合伙企业造成损失的，依法承担赔偿责任。

第三十六条　合伙企业应当依照法律、行政法规的规定建立企业财务、会计制度。

第四节　合伙企业与第三人关系

第三十七条　合伙企业对合伙人执行合伙事务以及对外代表合伙企业权利的限制，不得对抗善意第三人。

第三十八条　合伙企业对其债务，应先以其全部财产进行清偿。

第三十九条　合伙企业不能清偿到期债务的，合伙人承担无限连带责任。

第四十条　合伙人由于承担无限连带责任，清偿数额超过本法第三十三条第一款规定的其亏损分担比例的，有权向其他合伙人追偿。

第四十一条　合伙人发生与合伙企业无关的债务，相关债权人不得以其债权抵销其对合伙企业的债务；也不得代位行使合伙人在合伙企业中的权利。

第四十二条　合伙人的自有财产不足清偿其与合伙企业无关的债务的，该合伙人可以以其从合伙企业中分取的收益用于清偿；债权人也可以依法请求人民法院强制执行该合伙人在合伙企业中的财产份额用于清偿。

人民法院强制执行合伙人的财产份额时，应当通知全体合伙人，其他合伙人有优先购买权；其他合伙人未购买，又不同意将该财产份额转让给他人的，依照本法第五十一条的规定为该合伙人办理退伙结算，或者办理削减该合伙人相应财产份额的结算。

第五节　入伙、退伙

第四十三条　新合伙人入伙，除合伙协议另有约定外，应当经全体合伙人一致同意，并依法订立书面入伙协议。

订立入伙协议时，原合伙人应当向新合伙人如实告知原合伙企业的经营状况和财务状况。

第四十四条　入伙的新合伙人与原合伙人享有同等权利，承担同等责任。入伙协议另有约定的，从其约定。

新合伙人对入伙前合伙企业的债务承担无限连带责任。

第四十五条　合伙协议约定合伙期限的，在合伙企业存续期间，有下列情形之一的，合伙人可以退伙：

（一）合伙协议约定的退伙事由出现；

（二）经全体合伙人一致同意；

（三）发生合伙人难以继续参加合伙的事由；

（四）其他合伙人严重违反合伙协议约定的义务。

第四十六条　合伙协议未约定合伙期限的，合伙人在不给合伙企业事务执行造成不利影响的情况下，可以退伙，但应当提前三十日通知其他合伙人。

第四十七条　合伙人违反本法第四十五条、第四十六条的规定退伙的，应当赔偿由此给合伙企业造成的损失。

第四十八条　合伙人有下列情形之一的，当然退伙：

（一）作为合伙人的自然人死亡或者被依法宣告死亡；

（二）个人丧失偿债能力；

（三）作为合伙人的法人或者其他组织依法被吊销营业执照、责令关闭、撤销，或者被宣告破产；

（四）法律规定或者合伙协议约定合伙人必须具有相关资格而丧失该资格；

（五）合伙人在合伙企业中的全部财产份额被人民法院强制执行。

合伙人被依法认定为无民事行为能力人或者限制民事行为能力人的，经其他合伙人一致同意，可以依法转为有限合伙人，普通合伙企业依法转为有限合伙企业。其他合伙人未能一致同意的，该无民事行为能力或者限制民事行为能力的合伙人退伙。

退伙事由实际发生之日为退伙生效日。

第四十九条 合伙人有下列情形之一的，经其他合伙人一致同意，可以决议将其除名：

（一）未履行出资义务；

（二）因故意或者重大过失给合伙企业造成损失；

（三）执行合伙事务时有不正当行为；

（四）发生合伙协议约定的事由。

对合伙人的除名决议应当书面通知被除名人。被除名人接到除名通知之日，除名生效，被除名人退伙。

被除名人对除名决议有异议的，可以自接到除名通知之日起三十日内，向人民法院起诉。

第五十条 合伙人死亡或者被依法宣告死亡的，对该合伙人在合伙企业中的财产份额享有合法继承权的继承人，按照合伙协议的约定或者经全体合伙人一致同意，从继承开始之日起，取得该合伙企业的合伙人资格。

有下列情形之一的，合伙企业应当向合伙人的继承人退还被继承合伙人的财产份额：

（一）继承人不愿意成为合伙人；

（二）法律规定或者合伙协议约定合伙人必须具有相关资格，而该继承人未取得该资格；

（三）合伙协议约定不能成为合伙人的其他情形。

合伙人的继承人为无民事行为能力人或者限制民事行为能力人的，经全体合伙人一致同意，可以依法成为有限合伙人，普通合伙企业依法转为有限合伙企业。全体合伙人未能一致同意的，合伙企业应当将被继承合伙人的财产份额退还该继承人。

第五十一条 合伙人退伙，其他合伙人应当与该退伙人按照退伙时的合伙企业财产状况进行结算，退还退伙人的财产份额。退伙人对给合伙企业造成的损失负有赔偿责任的，相应扣减其应当赔偿的数额。

退伙时有未了结的合伙企业事务的，待该事务了结后进行结算。

第五十二条 退伙人在合伙企业中财产份额的退还办法，由合伙协议约定或者由全体合伙人决定，可以退还货币，也可以退还实物。

第五十三条 退伙人对基于其退伙前的原因发生的合伙企业债务，承担无限连带责任。

第五十四条 合伙人退伙时，合伙企业财产少于合伙企业债务的，退伙人应当依照本法第三十三条第一款的规定分担亏损。

第六节 特殊的普通合伙企业

第五十五条 以专业知识和专门技能为客户提供有偿服务的专业服务机构，可以设立为特殊的普通合伙企业。

特殊的普通合伙企业是指合伙人依照本法第五十七条的规定承担责任的普通合伙企业。

特殊的普通合伙企业适用本节规定；本节未作规定的，适用本章第一节至第五节的规定。

第五十六条 特殊的普通合伙企业名称中应当标明“特殊普通合伙”字样。

第五十七条 一个合伙人或者数个合伙人在执业活动中因故意或者重大过失造成合伙企业债务的，应当承担无限责任或者无限连带责任，其他合伙人以其在合伙企业中的财产份额为限承担责任。

合伙人在执业活动中非因故意或者重大过失造成的合伙企业债务以及合伙企业的其他债务，由全体合伙人承担无限连带责任。

第五十八条 合伙人执业活动中因故意或者重大过失造成的合伙企业债务，以合伙企业财产对外承担责任后，该合伙人应当按照合伙协议的约定对给合伙企业造成的损失承担赔偿责任。

第五十九条 特殊的普通合伙企业应当建立执业风险基金、办理职业保险。

执业风险基金用于偿付合伙人执业活动造成的债务。执业风险基金应当单独立户管理。具体管理办法由国务院规定。

第三章　有限合伙企业

第六十条　有限合伙企业及其合伙人适用本章规定；本章未作规定的，适用本法第二章第一节至第五节关于普通合伙企业及其合伙人的规定。

第六十一条　有限合伙企业由二个以上五十个以下合伙人设立；但是，法律另有规定的除外。

有限合伙企业至少应当有一个普通合伙人。

第六十二条　有限合伙企业名称中应当标明“有限合伙”字样。

第六十三条　合伙协议除符合本法第十八条的规定外，还应当载明下列事项：

（一）普通合伙人和有限合伙人的姓名或者名称、住所；

（二）执行事务合伙人应具备的条件和选择程序；

（三）执行事务合伙人权限与违约处理办法；

（四）执行事务合伙人的除名条件和更换程序；

（五）有限合伙人入伙、退伙的条件、程序以及相关责任；

（六）有限合伙人和普通合伙人相互转变程序。

第六十四条　有限合伙人可以用货币、实物、知识产权、土地使用权或者其他财产权利作价出资。

有限合伙人不得以劳务出资。

第六十五条　有限合伙人应当按照合伙协议的约定按期足额缴纳出资；未按期足额缴纳的，应当承担补缴义务，并对其他合伙人承担违约责任。

第六十六条 有限合伙企业登记事项中应当载明有限合伙人的姓名或者名称及认缴的出资数额。

第六十七条 有限合伙企业由普通合伙人执行合伙事务。执行事务合伙人可以要求在合伙协议中确定执行事务的报酬及报酬提取方式。

第六十八条 有限合伙人不执行合伙事务，不得对外代表有限合伙企业。

有限合伙人的下列行为，不视为执行合伙事务：

（一）参与决定普通合伙人入伙、退伙；

（二）对企业的经营管理提出建议；

（三）参与选择承办有限合伙企业审计业务的会计师事务所；

（四）获取经审计的有限合伙企业财务会计报告；

（五）对涉及自身利益的情况，查阅有限合伙企业财务会计账簿等财务资料；

（六）在有限合伙企业中的利益受到侵害时，向有责任的合伙人主张权利或者提起诉讼；

（七）执行事务合伙人怠于行使权利时，督促其行使权利或者为了本企业的利益以自己的名义提起诉讼；

（八）依法为本企业提供担保。

第六十九条 有限合伙企业不得将全部利润分配给部分合伙人；但是，合伙协议另有约定的除外。

第七十条 有限合伙人可以同本有限合伙企业进行交易；但是，合伙协议另有约定的除外。

第七十一条　有限合伙人可以自营或者同他人合作经营与本有限合伙企业相竞争的业务；但是，合伙协议另有约定的除外。

第七十二条　有限合伙人可以将其在有限合伙企业中的财产份额出质；但是，合伙协议另有约定的除外。

第七十三条　有限合伙人可以按照合伙协议的约定向合伙人以外的人转让其在有限合伙企业中的财产份额，但应当提前三十日通知其他合伙人。

第七十四条　有限合伙人的自有财产不足清偿其与合伙企业无关的债务的，该合伙人可以以其从有限合伙企业中分取的收益用于清偿；债权人也可以依法请求人民法院强制执行该合伙人在有限合伙企业中的财产份额用于清偿。

人民法院强制执行有限合伙人的财产份额时，应当通知全体合伙人。在同等条件下，其他合伙人有优先购买权。

第七十五条　有限合伙企业仅剩有限合伙人的，应当解散；有限合伙企业仅剩普通合伙人的，转为普通合伙企业。

第七十六条　第三人有理由相信有限合伙人为普通合伙人并与其交易的，该有限合伙人对该笔交易承担与普通合伙人同样的责任。

有限合伙人未经授权以有限合伙企业名义与他人进行交易，给有限合伙企业或者其他合伙人造成损失的，该有限合伙人应当承担赔偿责任。

第七十七条　新入伙的有限合伙人对入伙前有限合伙企业的债务，以其认缴的出资额为限承担责任。

第七十八条 有限合伙人有本法第四十八条第一款第一项、第三项至第五项所列情形之一的，当然退伙。

第七十九条 作为有限合伙人的自然人在有限合伙企业存续期间丧失民事行为能力的，其他合伙人不得因此要求其退伙。

第八十条 作为有限合伙人的自然人死亡、被依法宣告死亡或者作为有限合伙人的法人及其他组织终止时，其继承人或者权利承受人可以依法取得该有限合伙人在有限合伙企业中的资格。

第八十一条 有限合伙人退伙后，对基于其退伙前的原因发生的有限合伙企业债务，以其退伙时从有限合伙企业中取回的财产承担责任。

第八十二条 除合伙协议另有约定外，普通合伙人转变为有限合伙人，或者有限合伙人转变为普通合伙人，应当经全体合伙人一致同意。

第八十三条 有限合伙人转变为普通合伙人的，对其作为有限合伙人期间有限合伙企业发生的债务承担无限连带责任。

第八十四条 普通合伙人转变为有限合伙人的，对其作为普通合伙人期间合伙企业发生的债务承担无限连带责任。

第四章 合伙企业解散、清算

第八十五条 合伙企业有下列情形之一的，应当解散：

（一）合伙期限届满，合伙人决定不再经营；

（二）合伙协议约定的解散事由出现；

（三）全体合伙人决定解散；

（四）合伙人已不具备法定人数满三十天；

（五）合伙协议约定的合伙目的已经实现或者无法实现；

（六）依法被吊销营业执照、责令关闭或者被撤销；

（七）法律、行政法规规定的其他原因。

第八十六条 合伙企业解散，应当由清算人进行清算。

清算人由全体合伙人担任；经全体合伙人过半数同意，可以自合伙企业解散事由出现后十五日内指定一个或者数个合伙人，或者委托第三人，担任清算人。

自合伙企业解散事由出现之日起十五日内未确定清算人的，合伙人或者其他利害关系人可以申请人民法院指定清算人。

第八十七条 清算人在清算期间执行下列事务：

（一）清理合伙企业财产，分别编制资产负债表和财产清单；

（二）处理与清算有关的合伙企业未了结事务；

（三）清缴所欠税款；

（四）清理债权、债务；

（五）处理合伙企业清偿债务后的剩余财产；

（六）代表合伙企业参加诉讼或者仲裁活动。

第八十八条 清算人自被确定之日起十日内将合伙企业解散事项通知债权人，并于六十日内在报纸上公告。债权人应当自接到通知书之日起三十日内，未接到通知书的自公告之日起四十五日内，向清算人申报债权。

债权人申报债权，应当说明债权的有关事项，并提供证明材料。清算人应当对债权进行登记。

清算期间，合伙企业存续，但不得开展与清算无关的经营活动。

第八十九条 合伙企业财产在支付清算费用和职工工资、社会保险费用、法定补偿金以及缴纳所欠税款、清偿债务后的剩余财产，依照本法第三十三条第一款的规定进行分配。

第九十条 清算结束，清算人应当编制清算报告，经全体合伙人签名、盖章后，在十五日内向企业登记机关报送清算报告，申请办理合伙企业注销登记。

第九十一条 合伙企业注销后，原普通合伙人对合伙企业存续期间的债务仍应承担无限连带责任。

第九十二条 合伙企业不能清偿到期债务的，债权人可以依法向人民法院提出破产清算申请，也可以要求普通合伙人清偿。

合伙企业依法被宣告破产的，普通合伙人对合伙企业债务仍应承担无限连带责任。

第五章 法律责任

第九十三条 违反本法规定，提交虚假文件或者采取其他欺骗手段，取得合伙企业登记的，由企业登记机关责令改正，处以五千元以上五万元以下的罚款；情节严重的，撤销企业登记，并处以五万元以上二十万元以下的罚款。

第九十四条 违反本法规定，合伙企业未在其名称中标明“普通合伙”、“特殊普通合伙”或者“有限合伙”字样的，由企业登记机关责令限期改正，处以二千元以上一万元以下的罚款。

第九十五条 违反本法规定，未领取营业执照，而以合伙企业或者合伙企业分支机构名义从事合伙业务的，由企业登记机关责令停止，处以五千元以上五万元以下的罚款。

合伙企业登记事项发生变更时，未依照本法规定办理变更登记的，由企业登记机关责令限期登记；逾期不登记的，处以二千元以上二万元以下的罚款。

合伙企业登记事项发生变更，执行合伙事务的合伙人未按期申请办理变更登记的，应当赔偿由此给合伙企业、其他合伙人或者善意第三人造成的损失。

第九十六条 合伙人执行合伙事务，或者合伙企业从业人员利用职务上的便利，将应当归合伙企业的利益据为已有的，或者采取其他手段侵占合伙企业财产的，应当将该利益和财产退还合伙企业；给合伙企业或者其他合伙人造成损失的，依法承担赔偿责任。

第九十七条 合伙人对本法规定或者合伙协议约定必须经全体合伙人一致同意始得执行的事务擅自处理，给合伙企业或者其他合伙人造成损失的，依法承担赔偿责任。

第九十八条 不具有事务执行权的合伙人擅自执行合伙事务，给合伙企业或者其他合伙人造成损失的，依法承担赔偿责任。

第九十九条 合伙人违反本法规定或者合伙协议的约定，从事与本合伙企业相竞争的业务或者与本合伙企业进行交易的，该收益归合伙企业所有；给合伙企业或者其他合伙人造成损失的，依法承担赔偿责任。

第一百条 清算人未依照本法规定向企业登记机关报送清算报告，

或者报送清算报告隐瞒重要事实，或者有重大遗漏的，由企业登记机关责令改正。由此产生的费用和损失，由清算人承担和赔偿。

第一百零一条 清算人执行清算事务，牟取非法收入或者侵占合伙企业财产的，应当将该收入和侵占的财产退还合伙企业；给合伙企业或者其他合伙人造成损失的，依法承担赔偿责任。

第一百零二条 清算人违反本法规定，隐匿、转移合伙企业财产，对资产负债表或者财产清单作虚假记载，或者在未清偿债务前分配财产，损害债权人利益的，依法承担赔偿责任。

第一百零三条 合伙人违反合伙协议的，应当依法承担违约责任。

合伙人履行合伙协议发生争议的，合伙人可以通过协商或者调解解决。不愿通过协商、调解解决或者协商、调解不成的，可以按照合伙协议约定的仲裁条款或者事后达成的书面仲裁协议，向仲裁机构申请仲裁。合伙协议中未订立仲裁条款，事后又没有达成书面仲裁协议的，可以向人民法院起诉。

第一百零四条 有关行政管理机关的工作人员违反本法规定，滥用职权、徇私舞弊、收受贿赂、侵害合伙企业合法权益的，依法给予行政处分。

第一百零五条 违反本法规定，构成犯罪的，依法追究刑事责任。

第一百零六条 违反本法规定，应当承担民事赔偿责任和缴纳罚款、罚金，其财产不足以同时支付的，先承担民事赔偿责任。

第六章 附 则

第一百零七条 非企业专业服务机构依据有关法律采取合伙制的，

其合伙人承担责任的形式可以适用本法关于特殊的普通合伙企业合伙人承担责任的规定。

第一百零八条 外国企业或者个人在中国境内设立合伙企业的管理办法由国务院规定。

第一百零九条 本法自2007年6月1日起施行。

附录十一 上市公司股权激励管理办法

（2016年5月4日中国证券监督管理委员会2016年第6次主席办公会议审议通过 根据2018年8月15日中国证券监督管理委员会《关于修改〈上市公司股权激励管理办法〉的决定》修正）

第一章 总 则

第一条 为进一步促进上市公司建立健全激励与约束机制，依据《中华人民共和国公司法》（以下简称《公司法》）、《中华人民共和国证券法》（以下简称《证券法》）及其他法律、行政法规的规定，制定本办法。

第二条 本办法所称股权激励是指上市公司以本公司股票为标的，对其董事、高级管理人员及其他员工进行的长期性激励。

上市公司以限制性股票、股票期权实行股权激励的，适用本办法；以法律、行政法规允许的其他方式实行股权激励的，参照本办法有关规定执行。

第三条 上市公司实行股权激励，应当符合法律、行政法规、本办法和公司章程的规定，有利于上市公司的持续发展，不得损害上市公司利益。

上市公司的董事、监事和高级管理人员在实行股权激励中应当诚实守信，勤勉尽责，维护公司和全体股东的利益。

第四条 上市公司实行股权激励，应当严格按照本办法和其他相关规定的要求履行信息披露义务。

第五条 为上市公司股权激励计划出具意见的证券中介机构和人员，应当诚实守信、勤勉尽责，保证所出具的文件真实、准确、完整。

第六条 任何人不得利用股权激励进行内幕交易、操纵证券市场等违法活动。

第二章 一般规定

第七条 上市公司具有下列情形之一的，不得实行股权激励：

（一）最近一个会计年度财务会计报告被注册会计师出具否定意见或者无法表示意见的审计报告；

（二）最近一个会计年度财务报告内部控制被注册会计师出具否定意见或无法表示意见的审计报告；

（三）上市后最近36个月内出现过未按法律法规、公司章程、公开承诺进行利润分配的情形；

（四）法律法规规定不得实行股权激励的；

（五）中国证监会认定的其他情形。

第八条　激励对象可以包括上市公司的董事、高级管理人员、核心技术人员或者核心业务人员，以及公司认为应当激励的对公司经营业绩和未来发展有直接影响的其他员工，但不应当包括独立董事和监事。外籍员工任职上市公司董事、高级管理人员、核心技术人员或者核心业务人员的，可以成为激励对象。

单独或合计持有上市公司5%以上股份的股东或实际控制人及其配偶、父母、子女，不得成为激励对象。下列人员也不得成为激励对象：

（一）最近12个月内被证券交易所认定为不适当人选；

（二）最近12个月内被中国证监会及其派出机构认定为不适当人选；

（三）最近12个月内因重大违法违规行为被中国证监会及其派出机构行政处罚或者采取市场禁入措施；

（四）具有《公司法》规定的不得担任公司董事、高级管理人员情形的；

（五）法律法规规定不得参与上市公司股权激励的；

（六）中国证监会认定的其他情形。

第九条　上市公司依照本办法制定股权激励计划的，应当在股权激励计划中载明下列事项：

（一）股权激励的目的；

（二）激励对象的确定依据和范围；

（三）拟授出的权益数量，拟授出权益涉及的标的股票种类、来源、数量及占上市公司股本总额的百分比；分次授出的，每次拟授出的权益数量、涉及的标的股票数量及占股权激励计划涉及的标的股票总额的百分比、占上市公司股本总额的百分比；设置预留权益的，拟预留权益的数量、涉及标的股票数量及占股权激励计划的标的股票总额的百分比；

（四）激励对象为董事、高级管理人员的，其各自可获授的权益数量、占股权激励计划拟授出权益总量的百分比；其他激励对象（各自或者按适当分类）的姓名、职务、可获授的权益数量及占股权激励计划拟授出权益总量的百分比；

（五）股权激励计划的有效期，限制性股票的授予日、限售期和解除限售安排，股票期权的授权日、可行权日、行权有效期和行权安排；

（六）限制性股票的授予价格或者授予价格的确定方法，股票期权的行权价格或者行权价格的确定方法；

（七）激励对象获授权益、行使权益的条件；

（八）上市公司授出权益、激励对象行使权益的程序；

（九）调整权益数量、标的股票数量、授予价格或者行权价格的方法和程序；

（十）股权激励会计处理方法、限制性股票或股票期权公允价值的确定方法、涉及估值模型重要参数取值合理性、实施股权激励应当计提费用及对上市公司经营业绩的影响；

（十一）股权激励计划的变更、终止；

（十二）上市公司发生控制权变更、合并、分立以及激励对象发生职务变更、离职、死亡等事项时股权激励计划的执行；

（十三）上市公司与激励对象之间相关纠纷或争端解决机制；

（十四）上市公司与激励对象的其他权利义务。

第十条 上市公司应当设立激励对象获授权益、行使权益的条件。拟分次授出权益的，应当就每次激励对象获授权益分别设立条件；分期行权的，应当就每次激励对象行使权益分别设立条件。

激励对象为董事、高级管理人员的，上市公司应当设立绩效考核指标作为激励对象行使权益的条件。

第十一条 绩效考核指标应当包括公司业绩指标和激励对象个人绩效指标。相关指标应当客观公开、清晰透明，符合公司的实际情况，有利于促进公司竞争力的提升。

上市公司可以公司历史业绩或同行业可比公司相关指标作为公司业绩指标对照依据，公司选取的业绩指标可以包括净资产收益率、每股收益、每股分红等能够反映股东回报和公司价值创造的综合性指标，以及净利润增长率、主营业务收入增长率等能够反映公司盈利能力和市场价值的成长性指标。以同行业可比公司相关指标作为对照依据的，选取的对照公司不少于3家。

激励对象个人绩效指标由上市公司自行确定。

上市公司应当在公告股权激励计划草案的同时披露所设定指标的科学性和合理性。

第十二条 拟实行股权激励的上市公司，可以下列方式作为标的股票来源：

（一）向激励对象发行股份；

（二）回购本公司股份；

（三）法律、行政法规允许的其他方式。

第十三条 股权激励计划的有效期从首次授予权益日起不得超过10年。

第十四条 上市公司可以同时实行多期股权激励计划。同时实行多期股权激励计划的，各期激励计划设立的公司业绩指标应当保持可比性，后期激励计划的公司业绩指标低于前期激励计划的，上市公司应当充分说明其原因与合理性。

上市公司全部在有效期内的股权激励计划所涉及的标的股票总数累计不得超过公司股本总额的10%。非经股东大会特别决议批准，任何一名激励对象通过全部在有效期内的股权激励计划获授的本公司股票，累计不得超过公司股本总额的1%。

本条第二款所称股本总额是指股东大会批准最近一次股权激励计划时公司已发行的股本总额。

第十五条 上市公司在推出股权激励计划时，可以设置预留权益，预留比例不得超过本次股权激励计划拟授予权益数量的20%。

上市公司应当在股权激励计划经股东大会审议通过后12个月内明确预留权益的授予对象；超过12个月未明确激励对象的，预留权益失效。

第十六条 相关法律、行政法规、部门规章对上市公司董事、高级管理人员买卖本公司股票的期间有限制的，上市公司不得在相关限制期间内向激励对象授出限制性股票，激励对象也不得行使权益。

第十七条 上市公司启动及实施增发新股、并购重组、资产注入、发行可转债、发行公司债券等重大事项期间，可以实行股权激励计划。

第十八条 上市公司发生本办法第七条规定的情形之一的，应当终止实施股权激励计划，不得向激励对象继续授予新的权益，激励对象根据股权激励计划已获授但尚未行使的权益应当终止行使。

在股权激励计划实施过程中，出现本办法第八条规定的不得成为激励对象情形的，上市公司不得继续授予其权益，其已获授但尚未行使的权益应当终止行使。

第十九条 激励对象在获授限制性股票或者对获授的股票期权行使权益前后买卖股票的行为，应当遵守《证券法》《公司法》等相关规定。

上市公司应当在本办法第二十条规定的协议中，就前述义务向激励对象作出特别提示。

第二十条 上市公司应当与激励对象签订协议，确认股权激励计划的内容，并依照本办法约定双方的其他权利义务。

上市公司应当承诺，股权激励计划相关信息披露文件不存在虚假记载、误导性陈述或者重大遗漏。

所有激励对象应当承诺，上市公司因信息披露文件中有虚假记载、误导性陈述或者重大遗漏，导致不符合授予权益或行使权益安排的，激励对象应当自相关信息披露文件被确认存在虚假记载、误导性陈述或者重大遗漏后，将由股权激励计划所获得的全部利益返还公司。

第二十一条 激励对象参与股权激励计划的资金来源应当合法合规，不得违反法律、行政法规及中国证监会的相关规定。

上市公司不得为激励对象依股权激励计划获取有关权益提供贷款以及其他任何形式的财务资助，包括为其贷款提供担保。

第三章　限制性股票

第二十二条　本办法所称限制性股票是指激励对象按照股权激励计划规定的条件，获得的转让等部分权利受到限制的本公司股票。

限制性股票在解除限售前不得转让、用于担保或偿还债务。

第二十三条　上市公司在授予激励对象限制性股票时，应当确定授予价格或授予价格的确定方法。授予价格不得低于股票票面金额，且原则上不得低于下列价格较高者：

（一）股权激励计划草案公布前 1 个交易日的公司股票交易均价的 50%；

（二）股权激励计划草案公布前 20 个交易日、60 个交易日或者 120 个交易日的公司股票交易均价之一的 50%。

上市公司采用其他方法确定限制性股票授予价格的，应当在股权激励计划中对定价依据及定价方式作出说明。

第二十四条　限制性股票授予日与首次解除限售日之间的间隔不得少于 12 个月。

第二十五条　在限制性股票有效期内，上市公司应当规定分期解除限售，每期时限不得少于 12 个月，各期解除限售的比例不得超过激励对象获授限制性股票总额的 50%。

当期解除限售的条件未成就的，限制性股票不得解除限售或递延至下期解除限售，应当按照本办法第二十六条规定处理。

第二十六条　出现本办法第十八条、第二十五条规定情形，或者其他终止实施股权激励计划的情形或激励对象未达到解除限售条件的，上市公司应当回购尚未解除限售的限制性股票，并按照《公司法》的规定进行处理。

对出现本办法第十八条第一款情形负有个人责任的，或出现本办法第十八条第二款情形的，回购价格不得高于授予价格；出现其他情形的，回购价格不得高于授予价格加上银行同期存款利息之和。

第二十七条　上市公司应当在本办法第二十六条规定的情形出现后及时召开董事会审议回购股份方案，并依法将回购股份方案提交股东大会批准。回购股份方案包括但不限于以下内容：

（一）回购股份的原因；

（二）回购股份的价格及定价依据；

（三）拟回购股份的种类、数量及占股权激励计划所涉及的标的股票的比例、占总股本的比例；

（四）拟用于回购的资金总额及资金来源；

（五）回购后公司股本结构的变动情况及对公司业绩的影响。

律师事务所应当就回购股份方案是否符合法律、行政法规、本办法的规定和股权激励计划的安排出具专业意见。

第四章　股票期权

第二十八条　本办法所称股票期权是指上市公司授予激励对象在未来一定期限内以预先确定的条件购买本公司一定数量股份的权利。

激励对象获授的股票期权不得转让、用于担保或偿还债务。

第二十九条 上市公司在授予激励对象股票期权时，应当确定行权价格或者行权价格的确定方法。行权价格不得低于股票票面金额，且原则上不得低于下列价格较高者：

（一）股权激励计划草案公布前1个交易日的公司股票交易均价；

（二）股权激励计划草案公布前20个交易日、60个交易日或者120个交易日的公司股票交易均价之一。

上市公司采用其他方法确定行权价格的，应当在股权激励计划中对定价依据及定价方式作出说明。

第三十条 股票期权授权日与获授股票期权首次可行权日之间的间隔不得少于12个月。

第三十一条 在股票期权有效期内，上市公司应当规定激励对象分期行权，每期时限不得少于12个月，后一行权期的起算日不得早于前一行权期的届满日。每期可行权的股票期权比例不得超过激励对象获授股票期权总额的50%。

当期行权条件未成就的，股票期权不得行权或递延至下期行权，并应当按照本办法第三十二条第二款规定处理。

第三十二条 股票期权各行权期结束后，激励对象未行权的当期股票期权应当终止行权，上市公司应当及时注销。

出现本办法第十八条、第三十一条规定情形，或者其他终止实施股权激励计划的情形或激励对象不符合行权条件的，上市公司应当注销对应的股票期权。

第五章 实施程序

第三十三条 上市公司董事会下设的薪酬与考核委员会负责拟订股权激励计划草案。

第三十四条 上市公司实行股权激励，董事会应当依法对股权激励计划草案作出决议，拟作为激励对象的董事或与其存在关联关系的董事应当回避表决。

董事会审议本办法第四十六条、第四十七条、第四十八条、第四十九条、第五十条、第五十一条规定中有关股权激励计划实施的事项时，拟作为激励对象的董事或与其存在关联关系的董事应当回避表决。

董事会应当在依照本办法第三十七条、第五十四条的规定履行公示、公告程序后，将股权激励计划提交股东大会审议。

第三十五条 独立董事及监事会应当就股权激励计划草案是否有利于上市公司的持续发展，是否存在明显损害上市公司及全体股东利益的情形发表意见。

独立董事或监事会认为有必要的，可以建议上市公司聘请独立财务顾问，对股权激励计划的可行性、是否有利于上市公司的持续发展、是否损害上市公司利益以及对股东利益的影响发表专业意见。上市公司未按照建议聘请独立财务顾问的，应当就此事项作特别说明。

第三十六条 上市公司未按照本办法第二十三条、第二十九条定价原则，而采用其他方法确定限制性股票授予价格或股票期权行权价格的，应当聘请独立财务顾问，对股权激励计划的可行性、是否有利于上市公司的持续发展、相关定价依据和定价方法的合理性、是否损害上市公司利益以及对股东利益的影响发表专业意见。

第三十七条 上市公司应当在召开股东大会前，通过公司网站或者其他途径，在公司内部公示激励对象的姓名和职务，公示期不少于10天。

监事会应当对股权激励名单进行审核，充分听取公示意见。上市公司应当在股东大会审议股权激励计划前5日披露监事会对激励名单审核及公示情况的说明。

第三十八条 上市公司应当对内幕信息知情人在股权激励计划草案公告前6个月内买卖本公司股票及其衍生品种的情况进行自查，说明是否存在内幕交易行为。

知悉内幕信息而买卖本公司股票的，不得成为激励对象，法律、行政法规及相关司法解释规定不属于内幕交易的情形除外。

泄露内幕信息而导致内幕交易发生的，不得成为激励对象。

第三十九条 上市公司应当聘请律师事务所对股权激励计划出具法律意见书，至少对以下事项发表专业意见：

（一）上市公司是否符合本办法规定的实行股权激励的条件；

（二）股权激励计划的内容是否符合本办法的规定；

（三）股权激励计划的拟订、审议、公示等程序是否符合本办法的规定；

（四）股权激励对象的确定是否符合本办法及相关法律法规的规定；

（五）上市公司是否已按照中国证监会的相关要求履行信息披露义务；

（六）上市公司是否为激励对象提供财务资助；

（七）股权激励计划是否存在明显损害上市公司及全体股东利益和违反有关法律、行政法规的情形；

（八）拟作为激励对象的董事或与其存在关联关系的董事是否根据本办法的规定进行了回避；

（九）其他应当说明的事项。

第四十条 上市公司召开股东大会审议股权激励计划时，独立董事应当就股权激励计划向所有的股东征集委托投票权。

第四十一条 股东大会应当对本办法第九条规定的股权激励计划内容进行表决，并经出席会议的股东所持表决权的2/3以上通过。除上市公司董事、监事、高级管理人员、单独或合计持有上市公司5%以上股份的股东以外，其他股东的投票情况应当单独统计并予以披露。

上市公司股东大会审议股权激励计划时，拟为激励对象的股东或者与激励对象存在关联关系的股东，应当回避表决。

第四十二条 上市公司董事会应当根据股东大会决议，负责实施限制性股票的授予、解除限售和回购以及股票期权的授权、行权和注销。

上市公司监事会应当对限制性股票授予日及期权授予日激励对象名单进行核实并发表意见。

第四十三条 上市公司授予权益与回购限制性股票、激励对象行使权益前，上市公司应当向证券交易所提出申请，经证券交易所确认后，由证券登记结算机构办理登记结算事宜。

第四十四条 股权激励计划经股东大会审议通过后，上市公司应当在60日内授予权益并完成公告、登记；有获授权益条件的，应当在条件成就后60日内授出权益并完成公告、登记。上市公司未能在60日内完成上述工作的，应当及时披露未完成的原因，并宣告终止实施股权激励，自公告之日起3个月内不得再次审议股权激励计划。根据本办法规定上市公司不得授出权益的期间不计算在60日内。

第四十五条 上市公司应当按照证券登记结算机构的业务规则，在证券登记结算机构开设证券账户，用于股权激励的实施。

激励对象为外籍员工的，可以向证券登记结算机构申请开立证券账户。

尚未行权的股票期权，以及不得转让的标的股票，应当予以锁定。

第四十六条 上市公司在向激励对象授出权益前，董事会应当就股权激励计划设定的激励对象获授权益的条件是否成就进行审议，独立董事及监事会应当同时发表明确意见。律师事务所应当对激励对象获授权益的条件是否成就出具法律意见。

上市公司向激励对象授出权益与股权激励计划的安排存在差异时，独立董事、监事会（当激励对象发生变化时）、律师事务所、独立财务顾问（如有）应当同时发表明确意见。

第四十七条 激励对象在行使权益前，董事会应当就股权激励计划设定的激励对象行使权益的条件是否成就进行审议，独立董事及监事会应当同时发表明确意见。律师事务所应当对激励对象行使权益的条件是否成就出具法律意见。

第四十八条 因标的股票除权、除息或者其他原因需要调整权益价格或者数量的，上市公司董事会应当按照股权激励计划规定的原则、方式和程序进行调整。

律师事务所应当就上述调整是否符合本办法、公司章程的规定和股权激励计划的安排出具专业意见。

第四十九条 分次授出权益的，在每次授出权益前，上市公司应当召开董事会，按照股权激励计划的内容及首次授出权益时确定的原则，决定授出的权益价格、行使权益安排等内容。

当次授予权益的条件未成就时，上市公司不得向激励对象授予权益，未授予的权益也不得递延下期授予。

第五十条 上市公司在股东大会审议通过股权激励方案之前可对其进行变更。变更需经董事会审议通过。

上市公司对已通过股东大会审议的股权激励方案进行变更的，应当及时公告并提交股东大会审议，且不得包括下列情形：

（一）导致加速行权或提前解除限售的情形；

（二）降低行权价格或授予价格的情形。

独立董事、监事会应当就变更后的方案是否有利于上市公司的持续发展，是否存在明显损害上市公司及全体股东利益的情形发表独立意见。律师事务所应当就变更后的方案是否符合本办法及相关法律法规的规定、是否存在明显损害上市公司及全体股东利益的情形发表专业意见。

第五十一条 上市公司在股东大会审议股权激励计划之前拟终止实施股权激励的，需经董事会审议通过。

上市公司在股东大会审议通过股权激励计划之后终止实施股权激励的，应当由股东大会审议决定。

律师事务所应当就上市公司终止实施激励是否符合本办法及相关法律法规的规定、是否存在明显损害上市公司及全体股东利益的情形发表专业意见。

第五十二条 上市公司股东大会或董事会审议通过终止实施股权激励计划决议，或者股东大会审议未通过股权激励计划的，自决议公告之日起3个月内，上市公司不得再次审议股权激励计划。

第六章 信息披露

第五十三条 上市公司实行股权激励，应当真实、准确、完整、及时、公平地披露或者提供信息，不得有虚假记载、误导性陈述或者重大遗漏。

第五十四条 上市公司应当在董事会审议通过股权激励计划草案后，及时公告董事会决议、股权激励计划草案、独立董事意见及监事会意见。

上市公司实行股权激励计划依照规定需要取得有关部门批准的，应当在取得有关批复文件后的2个交易日内进行公告。

第五十五条 股东大会审议股权激励计划前，上市公司拟对股权激励方案进行变更的，变更议案经董事会审议通过后，上市公司应当及时披露董事会决议公告，同时披露变更原因、变更内容及独立董事、监事会、律师事务所意见。

第五十六条 上市公司在发出召开股东大会审议股权激励计划的通知时，应当同时公告法律意见书；聘请独立财务顾问的，还应当同时公告独立财务顾问报告。

第五十七条 股东大会审议通过股权激励计划及相关议案后，上市公司应当及时披露股东大会决议公告、经股东大会审议通过的股权激励计划、以及内幕信息知情人买卖本公司股票情况的自查报告。股东大会决议公告中应当包括中小投资者单独计票结果。

第五十八条 上市公司分次授出权益的，分次授出权益的议案经董事会审议通过后，上市公司应当及时披露董事会决议公告，对拟授出的权益价格、行使权益安排、是否符合股权激励计划的安排等内容进行说明。

第五十九条 因标的股票除权、除息或者其他原因调整权益价格或者数量的，调整议案经董事会审议通过后，上市公司应当及时披露董事会决议公告，同时公告律师事务所意见。

第六十条 上市公司董事会应当在授予权益及股票期权行权登记完成后、限制性股票解除限售前，及时披露相关实施情况的公告。

第六十一条 上市公司向激励对象授出权益时，应当按照本办法第四十四条规定履行信息披露义务，并再次披露股权激励会计处理方法、公允价值确定方法、涉及估值模型重要参数取值的合理性、实施股权激励应当计提的费用及对上市公司业绩的影响。

第六十二条 上市公司董事会按照本办法第四十六条、第四十七条规定对激励对象获授权益、行使权益的条件是否成就进行审议的，上市公司应当及时披露董事会决议公告，同时公告独立董事、监事会、律师事务所意见以及独立财务顾问意见（如有）。

第六十三条 上市公司董事会按照本办法第二十七条规定审议限制性股票回购方案的，应当及时公告回购股份方案及律师事务所意见。回购股份方案经股东大会批准后，上市公司应当及时公告股东大会决议。

第六十四条 上市公司终止实施股权激励的，终止实施议案经股东大会或董事会审议通过后，上市公司应当及时披露股东大会决议公告或董事会决议公告，并对终止实施股权激励的原因、股权激励已筹划及实施进展、终止实施股权激励对上市公司的可能影响等作出说明，并披露律师事务所意见。

第六十五条 上市公司应当在定期报告中披露报告期内股权激励的实施情况，包括：

（一）报告期内激励对象的范围；

（二）报告期内授出、行使和失效的权益总额；

（三）至报告期末累计已授出但尚未行使的权益总额；

（四）报告期内权益价格、权益数量历次调整的情况以及经调整后的最新权益价格与权益数量；

（五）董事、高级管理人员各自的姓名、职务以及在报告期内历次获授、行使权益的情况和失效的权益数量；

（六）因激励对象行使权益所引起的股本变动情况；

（七）股权激励的会计处理方法及股权激励费用对公司业绩的影响；

（八）报告期内激励对象获授权益、行使权益的条件是否成就的说明；

（九）报告期内终止实施股权激励的情况及原因。

第七章 监督管理

第六十六条 上市公司股权激励不符合法律、行政法规和本办法规定，或者上市公司未按照本办法、股权激励计划的规定实施股权激励的，上市公司应当终止实施股权激励，中国证监会及其派出机构责令改正，并书面通报证券交易所和证券登记结算机构。

第六十七条 上市公司未按照本办法及其他相关规定披露股权激励相关信息或者所披露的信息有虚假记载、误导性陈述或者重大遗漏的，中国证监会及其派出机构对公司及相关责任人员采取责令改正、监管谈话、出具警示函等监管措施；情节严重的，依照《证券法》予以处罚；涉嫌犯罪的，依法移交司法机关追究刑事责任。

第六十八条 上市公司因信息披露文件有虚假记载、误导性陈述或者重大遗漏，导致不符合授予权益或行使权益安排的，未行使权益应当统一回购注销，已经行使权益的，所有激励对象应当返还已获授权益。对上述事宜不负有责任的激励对象因返还已获授权益而遭受损失的，可按照股权激励计划相关安排，向上市公司或负有责任的对象进行追偿。

董事会应当按照前款规定和股权激励计划相关安排收回激励对象所得收益。

第六十九条 上市公司实施股权激励过程中，上市公司独立董事及监事未按照本办法及相关规定履行勤勉尽责义务的，中国证监会及其派出机构采取责令改正、监管谈话、出具警示函、认定为不适当人选等措施；情节严重的，依照《证券法》予以处罚；涉嫌犯罪的，依法移交司法机关追究刑事责任。

第七十条 利用股权激励进行内幕交易或者操纵证券市场的，中国证监会及其派出机构依照《证券法》予以处罚；情节严重的，对相关责任人员实施市场禁入等措施；涉嫌犯罪的，依法移交司法机关追究刑事责任。

第七十一条 为上市公司股权激励计划出具专业意见的证券服务机构和人员未履行勤勉尽责义务，所发表的专业意见存在虚假记载、误导性陈述或者重大遗漏的，中国证监会及其派出机构对相关机构及签字人员采取责令改正、监管谈话、出具警示函等措施；情节严重的，依照《证券法》予以处罚；涉嫌犯罪的，依法移交司法机关追究刑事责任。

第八章 附 则

第七十二条 本办法下列用语具有如下含义：

标的股票：指根据股权激励计划，激励对象有权获授或者购买的上市公司股票。

权益：指激励对象根据股权激励计划获得的上市公司股票、股票期权。

授出权益（授予权益、授权）：指上市公司根据股权激励计划的安排，授予激励对象限制性股票、股票期权的行为。

行使权益（行权）：指激励对象根据股权激励计划的规定，解除限制性股票的限售、行使股票期权购买上市公司股份的行为。

分次授出权益（分次授权）：指上市公司根据股权激励计划的安排，向已确定的激励对象分次授予限制性股票、股票期权的行为。

分期行使权益（分期行权）：指根据股权激励计划的安排，激励对象已获授的限制性股票分期解除限售、已获授的股票期权分期行权的行为。

预留权益：指股权激励计划推出时未明确激励对象、股权激励计划实施过程中确定激励对象的权益。

授予日或者授权日：指上市公司向激励对象授予限制性股票、股票期权的日期。授予日、授权日必须为交易日。

限售期：指股权激励计划设定的激励对象行使权益的条件尚未成就，限制性股票不得转让、用于担保或偿还债务的期间，自激励对象获授限制性股票完成登记之日起算。

可行权日：指激励对象可以开始行权的日期。可行权日必须为交易日。

授予价格：上市公司向激励对象授予限制性股票时所确定的、激励对象获得上市公司股份的价格。

行权价格：上市公司向激励对象授予股票期权时所确定的、激励对象购买上市公司股份的价格。

标的股票交易均价：标的股票交易总额/标的股票交易总量。

本办法所称的“以上”“以下”含本数，“超过”“低于”“少于”

不含本数。

第七十三条 国有控股上市公司实施股权激励，国家有关部门对其有特别规定的，应当同时遵守其规定。

第七十四条 本办法适用于股票在上海、深圳证券交易所上市的公司。

第七十五条 本办法自2016年8月13日起施行。原《上市公司股权激励管理办法（试行）》（证监公司字〔2005〕151号）及相关配套制度同时废止。

附录十二 关于完善股权激励和技术入股有关所得税政策的通知

（2016年9月20日 财税〔2016〕101号）

各省、自治区、直辖市、计划单列市财政厅（局）、国家税务局、地方税务局，新疆生产建设兵团财务局：

为支持国家大众创业、万众创新战略的实施，促进我国经济结构转型升级，经国务院批准，现就完善股权激励和技术入股有关所得税政策通知如下：

一、对符合条件的非上市公司股票期权、股权期权、限制性股票和股权奖励实行递延纳税政策

（一）非上市公司授予本公司员工的股票期权、股权期权、限制性股票和股权奖励，符合规定条件的，经向主管税务机关备案，可实行递延纳税政策，即员工在取得股权激励时可暂不纳税，递延至转让该股权时纳税；股权转让时，按照股权转让收入减除股权取得成本以及合理税费后的差额，适用“财产转让所得”项目，按照20%的税率计算缴纳个人所得税。

股权转让时，股票（权）期权取得成本按行权价确定，限制性股票取得成本按实际出资额确定，股权奖励取得成本为零。

（二）享受递延纳税政策的非上市公司股权激励（包括股票期权、股权期权、限制性股票和股权奖励，下同）须同时满足以下条件：

1. 属于境内居民企业的股权激励计划。

2. 股权激励计划经公司董事会、股东（大）会审议通过。未设股东（大）会的国有单位，经上级主管部门审核批准。股权激励计划应列明激励目的、对象、标的、有效期、各类价格的确定方法、激励对象获取权益的条件、程序等。

3. 激励标的应为境内居民企业的本公司股权。股权奖励的标的可以是技术成果投资入股到其他境内居民企业所取得的股权。激励标的股票（权）包括通过增发、大股东直接让渡以及法律法规允许的其他合理方式授予激励对象的股票（权）。

4. 激励对象应为公司董事会或股东（大）会决定的技术骨干和高级管理人员，激励对象人数累计不得超过本公司最近6个月在职职工平均人数的30%。

5. 股票（权）期权自授予日起应持有满3年，且自行权日起持有满1年；限制性股票自授予日起应持有满3年，且解禁后持有满1年；股权奖励自获得奖励之日起应持有满3年。上述时间条件须在股权激励计划中列明。

6. 股票（权）期权自授予日至行权日的时间不得超过10年。

7. 实施股权奖励的公司及其奖励股权标的公司所属行业均不属于《股权奖励税收优惠政策限制性行业目录》范围（见附件）。公司所属行业按公司上一纳税年度主营业务收入占比最高的行业确定。

（三）本通知所称股票（权）期权是指公司给予激励对象在一定期限内以事先约定的价格购买本公司股票（权）的权利；所称限制性股票是指公司按照预先确定的条件授予激励对象一定数量的本公司股权，激励对象只有工作年限或业绩目标符合股权激励计划规定条件的才可以处置该股权；所称股权奖励是指企业无偿授予激励对象一定份额的股权或一定数量的股份。

（四）股权激励计划所列内容不同时满足第一条第（二）款规定的全部条件，或递延纳税期间公司情况发生变化，不再符合第一条第（二）款第4至6项条件的，不得享受递延纳税优惠，应按规定计算缴纳个人所得税。

二、对上市公司股票期权、限制性股票和股权奖励适当延长纳税期限

（一）上市公司授予个人的股票期权、限制性股票和股权奖励，经向主管税务机关备案，个人可自股票期权行权、限制性股票解禁或取得股权奖励之日起，在不超过12个月的期限内缴纳个人所得税。《财政部 国家税务总局关于上市公司高管人员股票期权所得缴纳个人所得税有关问题的通知》（财税〔2009〕40号）自本通知施行之日起废止。

（二）上市公司股票期权、限制性股票应纳税款的计算，继续按照

《财政部 国家税务总局关于个人股票期权所得征收个人所得税问题的通知》（财税〔2005〕35号）、《财政部 国家税务总局关于股票增值权所得和限制性股票所得征收个人所得税有关问题的通知》（财税〔2009〕5号）、《国家税务总局关于股权激励有关个人所得税问题的通知》（国税函〔2009〕461号）等相关规定执行。股权奖励应纳税款的计算比照上述规定执行。

三、对技术成果投资入股实施选择性税收优惠政策

（一）企业或个人以技术成果投资入股到境内居民企业，被投资企业支付的对价全部为股票（权）的，企业或个人可选择继续按现行有关税收政策执行，也可选择适用递延纳税优惠政策。

选择技术成果投资入股递延纳税政策的，经向主管税务机关备案，投资入股当期可暂不纳税，允许递延至转让股权时，按股权转让收入减去技术成果原值和合理税费后的差额计算缴纳所得税。

（二）企业或个人选择适用上述任一项政策，均允许被投资企业按技术成果投资入股时的评估值入账并在企业所得税前摊销扣除。

（三）技术成果是指专利技术（含国防专利）、计算机软件著作权、集成电路布图设计专有权、植物新品种权、生物医药新品种，以及科技部、财政部、国家税务总局确定的其他技术成果。

（四）技术成果投资入股，是指纳税人将技术成果所有权让渡给被投资企业、取得该企业股票（权）的行为。

四、相关政策

（一）个人从任职受雇企业以低于公平市场价格取得股票（权）

的，凡不符合递延纳税条件，应在获得股票（权）时，对实际出资额低于公平市场价格的差额，按照“工资、薪金所得”项目，参照《财政部 国家税务总局关于个人股票期权所得征收个人所得税问题的通知》（财税〔2005〕35号）有关规定计算缴纳个人所得税。

（二）个人因股权激励、技术成果投资入股取得股权后，非上市公司在境内上市的，处置递延纳税的股权时，按照现行限售股有关征税规定执行。

（三）个人转让股权时，视同享受递延纳税优惠政策的股权优先转让。递延纳税的股权成本按照加权平均法计算，不与其他方式取得的股权成本合并计算。

（四）持有递延纳税的股权期间，因该股权产生的转增股本收入，以及以该递延纳税的股权再进行非货币性资产投资的，应在当期缴纳税款。

（五）全国中小企业股份转让系统挂牌公司按照本通知第一条规定执行。

适用本通知第二条规定的上市公司是指其股票在上海证券交易所、深圳证券交易所上市交易的股份有限公司。

五、配套管理措施

（一）对股权激励或技术成果投资入股选择适用递延纳税政策的，企业应在规定期限内到主管税务机关办理备案手续。未办理备案手续的，不得享受本通知规定的递延纳税优惠政策。

（二）企业实施股权激励或个人以技术成果投资入股，以实施股权激励或取得技术成果的企业为个人所得税扣缴义务人。递延纳税期间，扣缴义务人应在每个纳税年度终了后向主管税务机关报告递延纳税有关情况。

（三）工商部门应将企业股权变更信息及时与税务部门共享，暂不具备联网实时共享信息条件的，工商部门应在股权变更登记3个工作日内将信息与税务部门共享。

六、本通知自2016年9月1日起施行。

中关村国家自主创新示范区2016年1月1日至8月31日之间发生的尚未纳税的股权奖励事项，符合本通知规定的相关条件的，可按本通知有关政策执行。

附件：

股权奖励税收优惠政策限制性行业目录

门类代码	类别名称
A（农、林、牧、渔业）	（1）03畜牧业（科学研究、籽种繁育性质项目除外） （2）04渔业（科学研究、籽种繁育性质项目除外）
B（采矿业）	（3）采矿业（除第11类开采辅助活动）
C（制造业）	（4）16烟草制品业 （5）17纺织业（除第178类非家用纺织制成品制造） （6）19皮革、毛皮、羽毛及其制品和制鞋业 （7）20木材加工和木、竹、藤、棕、草制品业 （8）22造纸和纸制品业（除第223类纸制品制造） （9）31黑色金属冶炼和压延加工业（除第314类钢压延加工）
F（批发和零售业）	（10）批发和零售业
G（交通运输、仓储和邮政业）	（11）交通运输、仓储和邮政业
H（住宿和餐饮业）	（12）住宿和餐饮业
J（金融业）	（13）66货币金融服务 （14）68保险业

续表

门类代码	类别名称
K（房地产业）	(15) 房地产业
L（租赁和商务服务业）	(16) 租赁和商务服务业
O（居民服务、修理和其他服务业）	(17) 79 居民服务业
Q（卫生和社会工作）	(18) 84 社会工作
R（文化、体育和娱乐业）	(19) 88 体育 (20) 89 娱乐业
S（公共管理、社会保障和社会组织）	(21) 公共管理、社会保障和社会组织（除第 9421 类专业性团体和 9422 类行业性团体）
T（国际组织）	(22) 国际组织

说明：以上目录按照《国民经济行业分类》（GB/T 4754－2011）编制。

附录十三　股权激励和技术入股个人所得税政策口径

（2016年10月14日　税总所便函〔2016〕149号）

1. 股权激励和技术入股所得税优惠政策出台的背景是什么？

答：近年来，面对经济发展新常态的趋势变化和特点，国家实施创新驱动发展战略，加快推进以科技创新为核心的全面创新，加快科技成果向现实生产力转化，大众创业、万众创新形势不断高涨，科技成果转化积极性明显提高。在此过程中，为留住并激励优秀人才，越来越多的企业开始实施股权激励，相关税收政策也逐渐受到社会关注。

为深入推动国家创业创新战略的实施，大力推进供给侧结构性改革，充分调动科研人员创新活力和积极性，使科技成果最大程度转化为生产力，经国务院批准，对非上市公司符合条件的股权激励以及技术成果投资入股实行所得税递延纳税优惠，以有效降低股权激励税收负担，缓解科技成果转化过程中无现金流缴税困难。

2. 为贯彻落实国务院决定，税务总局采取了哪些措施？

答：为贯彻落实国务院有关精神，9月20日，财政部、税务总局联合印发了《关于完善股权激励和技术入股有关所得税政策的通知》（财税〔2016〕101号，以下简称“101号文件”），对符合条件的非上市公司股权激励和技术入股实行所得税递延纳税优惠。随后，税务总局制发《关于股权激励和技术入股所得税征管问题的公告》（国家税务总局公告2016年第62号，以下简称“62号公告”），对有关政策细节和税收征管问题作了进一步明确。与此同时，税务总局制发了《关于做好股权激励和技术入股所得税政策贯彻落实工作的通知》（税总函〔2016〕496号），从组织领导、税收宣传、纳税服务、征收管理、分析应对等5个方面，制定10条工作措施，督促各地税务机关不折不扣抓好政策落实。

3. 此次股权激励和技术入股所得税优惠政策包括哪些内容？

答：此次政策调整，主要包括3个方面：一是对非上市公司实施符合条件的股权激励实行递延纳税政策；二是将上市公司股权激励纳税期限适当延长，并扩大了适用人员范围；三是对企业或个人以技术成果投资入股实行递延纳税政策。

4. 此次税收优惠主要体现在哪些方面？

答：主要体现在以下4个方面：

一是缴税压力大大缓解。非上市公司实施符合条件的股权激励、企业和个人以技术成果投资入股，由于缺乏现金流，纳税人当期缴税可能存在一定压力。实施递延纳税，在转让股权时再缴税，将大大缓解股权激励行权和技术入股当期纳税的资金压力。同时，上市公司实施股权激励，纳税人可在12个月以内完税，也给纳税人筹措纳税资金预留了充裕时间。

二是纳税环节有效简化。对非上市公司实施符合条件的股权激励、企业和个人以技术成果投资入股，递延纳税的规定使两个征税环节合并，简化了纳税操作。

三是税收负担明显下降。对非上市公司实施符合条件的股权激励，调整为转让股权时统一按照“财产转让所得”项目，适用20%税率征收个人所得税，税负较之前最高45%税率明显下降。

四是适用范围充分扩大。与之前高新技术企业股权奖励、上市公司股权激励分期缴税等税收优惠相比，此次优惠适用范围不再有企业范围限制（除股权奖励外），激励对象也不再局限于高管人员。

5. 什么是股权激励？为什么股权激励要纳税？

答：与奖金、福利等现金激励类似，股权激励是企业以股权形式对员工的一种激励。企业通过低于市场价或无偿授予员工股权，对员工此前的工作业绩予以奖励，并进一步激发其工作热情，与企业共同发展。股权激励中，员工往往低价或无偿取得企业股权。对于该部分折价，实质上是企业给员工发放的非现金形式的补贴或奖金，应在员工取得时计算纳税，这也是国际上的通行做法。

6. 技术成果投资入股为什么要纳税？

答：技术成果投资入股，实质是转让技术成果和以转让所得再进行投资两笔经济业务同时发生。对于转让技术成果这一环节，应当按照“财产转让所得”项目计算纳税。

7. 什么是递延纳税？

答：股权激励在员工购买取得股权时需要计算纳税，技术成果投资入股当期也要计算纳税。但从实际来看，纳税人此时往往取得的是股权形式的所得，没有现金流，纳税存在一定困难。递延纳税正是针对以上情况，将纳税时点递延至股权转让环节，即纳税人因股权激励或技术成果投资入股取得股权时先不纳税，待实际转让股权时再纳税。递延纳税的好处是解决纳税人纳税义务发生当期缺乏现金流缴税的困难。

8. 非上市公司实施股权激励的递延纳税政策是什么？

答：非上市公司实施符合条件的股权激励，纳税人可在股票（权）期权行权、限制性股票解禁、股权奖励获得时暂不纳税，待实际转让股权时，直接按照股权转让收入减除股权取得成本及合理税费后的差额，适用“财产转让所得”项目，按20%的税率计算缴纳个人所得税。

9. 股权激励都有哪些主要形式？

答：此次出台的股权激励递延纳税政策适用的股权激励形式，包括股票（权）期权、限制性股票和股权奖励，具体如下：

股票（权）期权是指公司给予激励对象在一定期限内以事先约定的价格购买本公司股票（权）的权利。员工在行权时，可根据公司的发展情况，决定是否行权购买股权。

限制性股票是指公司以一定的价格将本公司股权出售给员工，并同时规定，员工只有工作年限或业绩目标符合股权激励计划规定的条件后，才能对外出售该股权。

股权奖励是指公司直接以公司股权无偿对员工实施奖励。

10. 非上市公司实施股权激励享受递延纳税政策需要满足哪些条件?

答：需要在适用范围、激励计划、激励标的、激励对象、持有期限、行权期限、所属行业方面同时满足以下 7 个条件：

一是属于境内居民企业的股权激励计划。

二是股权激励计划经公司董事会、股东（大）会审议通过。未设股东（大）会的国有单位，经上级主管部门审核批准。股权激励计划应列明激励目的、对象、标的、有效期、各类价格的确定方法、激励对象获取权益的条件、程序等。

三是激励标的应为境内居民企业的本公司股权。股权奖励的标的可以是技术成果投资入股到其他境内居民企业所取得的股权。激励标的股票（权）包括通过增发、大股东直接让渡以及法律法规允许的其他合理方式授予激励对象的股票（权）。

四是激励对象应为公司董事会或股东（大）会决定的技术骨干和高级管理人员，激励对象人数累计不得超过本公司最近 6 个月在职职工平均人数的 30%。

五是股票（权）期权自授予日起应持有满 3 年，且自行权日起持有满 1 年；限制性股票自授予日起应持有满 3 年，且解禁后持有满 1 年；股权奖励自获得奖励之日起应持有满 3 年。上述时间条件须在股权激励计划中列明。

六是股票（权）期权自授予日至行权日的时间不得超过 10 年。这一条件仅针对股票（权）期权形式的股权激励。

七是实施股权奖励的公司及其奖励股权标的公司所属行业均不属于

《股权奖励税收优惠政策限制性行业目录》范围。公司所属行业按公司上一纳税年度主营业务收入占比最高的行业确定。这一条件仅针对股权奖励形式的股权激励。

11. **第4个条件中30%的人数比例如何计算?**

答：30%比例的计算，按照实施股权激励的公司最近6个月在职职工平均人数计算。在职职工人数按照股票（权）期权行权、限制性股票解禁、股权奖励获得之上月起前6个月“工资、薪金所得”项目全员全额扣缴明细申报的平均人数确定。

例1 某企业2016年9月实施一项针对核心技术人员的股权激励计划，激励对象共20人。在其他条件符合规定的情况下，该企业的股权激励计划能否递延纳税？该企业2016年3月至8月“工资、薪金所得”个人所得税全员全额扣缴明细申报的人数分别为90人、95人、95人、100人、105人、105人。

解析：根据62号公告规定，在职职工人数，需要根据取得股权激励之上月起前6个月“工资、薪金所得”项目的明细申报人数确定。

该企业激励对象占最近6个月在职职工平均人数比＝20÷［（90＋95＋95＋100＋105＋105）÷6］≈20.34%＜30%。因此，该股权激励计划符合递延纳税人数比例限制的条件。

12. **上市公司股权激励如何计税?**

答：上市公司股权激励计税方法不变，继续按照《财政部国家税务总局关于个人股票期权所得征收个人所得税问题的通知》（财税〔2005〕35号，以下简称“35号文件”）、《国家税务总局关于个人股票期权所得缴纳个人所得税有关问题的补充通知》（国税函〔2006〕902 号）、《财政部国家税务总局关于股票增值权所得和限制性股票所得征收个人所得税有关问题的通知》（财税〔2009〕5 号）、《国家税务总局关于股权激励有关个人所得税问题的通知》（国税函〔2009〕461 号）等相关规定执行。此次政策调整，涉及上市公司股权激励的内容主要有三项：一是将股权奖励也纳入比照 35 号文件计税方法范围内；二是将原来可分期 6 个月缴税的人员范围，由高管扩至全体员工；三是将 6 个月缴税期限延长至 12 个月。

13. 个人以技术成果投资入股如何计税？

答：企业或个人以技术成果投资入股境内居民企业，如果被投资企业支付的对价全部为股权，企业或个人在现行相关税收政策的基础上，也可以选择适用递延纳税优惠政策。也就是说，企业和个人技术成果投资入股选择递延纳税政策有 2 个条件：一是入股的企业必须是境内居民企业；二是入股的被投资企业支付的对价 100% 为股权支付。若被投资企业支付的对价除股权外，还有现金，则不能选择递延纳税。

选择递延纳税的，在技术成果投资入股当期暂不纳税，待实际转让股票或股权时，按股权转让收入减去技术成果原值和合理税费后的差额计算缴纳所得税。

例 2　李某 2016 年 9 月以其所有的某项专利技术投资作价 100 万元入股 A 企业，获得 A 企业股票 50 万股，占企业股本的 5%。若李某发明该项专利技术的成本为 20 万元，入股时发生评估费及其他合理税费共 10 万元。假设后来李某将这部分股权以 200 万元卖掉，转让时发生税费

15 万元，李某应如何计算纳税？

解析：李某专利技术投资入股，有两种税收处理方式：一是按照原有政策，在入股当期，对专利技术转让收入扣除专利技术财产原值和相关税费的差额计算个人所得税，并在当期或分期 5 年缴纳；二是按照新政策，专利技术投资入股时不计税，待转让这部分股权时，直接以股权转让收入扣除专利技术的财产原值和合理税费的差额计算个人所得税。

按原政策计算：

李某技术入股当期需缴税，应纳税额 =（100 万元 - 20 万元 - 10 万元）×20% = 14 万元

转让股权时李某也需缴税，应纳税额 =（200 万元 - 100 万元 - 15 万元）×20% = 17 万元

两次合计，李某共缴纳个人所得税 31 万元。

按递延纳税政策计算：

李某入股当期无需缴税。

待李某转让该部分股权时一次性缴税。转让时应纳税额 =［200 万元 -（20 万元 + 10 万元）- 15 万元］×20% = 31 万元

虽然政策调整后，李某应缴税款与原来一样，但李某在入股当期无需缴税，压力大大减小，待其转让时再缴税，确保有充足的资金流。

例 3 接例 2，若李某选择递延纳税后，李某最终仅以 40 万元合理价格将股权卖掉，假设转让股权时税费为 5 万元。则转让时李某该如何计税？

解析：根据递延纳税相关政策，李某转让股权时，按照转让收入扣除技术成果原值及合理税费后的余额，计算缴纳个人所得税。因此，虽然李

某的股权转让收入较当初专利技术投资时作价降低了，但其仍根据股权转让实际收入计算个人所得税，李某技术成果投资入股风险大大降低。

应缴税款＝［40万元－（20万元＋10万元）－5万元］×20%＝1万元

14. 对员工低价从雇主处取得的股权，既不符合递延纳税条件，又不属于上市公司股权激励的，如何计税？

答：根据101号文件规定，个人从任职受雇企业以低于公平市场价格取得股权的，如不符合递延纳税条件的，应当在个人取得股权当期按照“工资、薪金所得”项目计算缴纳个人所得税。具体计税时，按照个人实际出资额低于公平市场价格的差额确定应纳税所得额，参照35号文件有关规定计算纳税。同时，62号公告对于公平市场价格的确定进行了明确，上市公司股票按照股票当日的收盘价确定，非上市公司股权依次按照净资产法、类比法、其他方法确定。其中，净资产按照上年末净资产确定。

15. 新三板挂牌公司实施股权激励，该适用哪个政策？

答：101号文件第四条第（五）项规定，全国中小企业股份转让系统挂牌公司按照通知第一条规定执行。也就是说，在新三板或其他产权交易所挂牌的企业，属于非上市公司，应按照非上市公司相关税收政策执行。

16. 员工在一个纳税年度内，多次取得不符合递延纳税条件的股权形式的工薪所得，税收上该如何处理？

答：62号公告规定，对于员工在一个纳税年度中多次取得不符合递延纳税条件的股权形式工资薪金所得的，与递延纳税股权分别计算，具体计税方法参照国税函〔2006〕902号文件第七条规定执行。也就是说，对一年内多次取得的股权形式工资薪金，需合并后再按照上述计税方法计算纳税。

17. 个人持有递延纳税非上市公司股权期间公司在境内上市了，税收上如何处理?

答：纳税人因获得非上市公司实施符合条件的股权激励而选择递延纳税的，自其取得股权至实际转让期间，因时间跨度可能非常长，其中会出现不少变数。如果公司在境内上市了，员工持有的递延纳税股权，自然转为限售股。根据101号文件第四条第（二）项规定，相关税收处理应按照限售股相关规定执行。具体包含三方面：

一是股票转让价格，按照限售股有关规定确定。

二是扣缴义务人转为限售股转让所得的扣缴义务人（即证券机构），实施股权激励的公司、获得技术成果的企业只需及时将相关信息告知税务机关，无需继续扣缴递延纳税股票个人所得税。

三是个人股票原值仍按101号文件规定确定，也就是说，转让的股票来源于股权激励的，原值为其实际取得成本；来源于技术成果投资入股的，原值为技术成果原值。若证券机构扣缴的个人所得税与纳税人的实际情况有出入，个人需按照《财政部、国家税务总局、证监会关于个人转让上市公司限售股所得征收个人所得税有关问题的通知》（财税〔2009〕167号）规定，向证券机构所在地主管税务机关申请办理税收清算。

18. 非上市公司实施股权激励递延纳税期间不符合优惠条件了，税收上如何处理？

答：根据101号文件和62号公告规定，非上市公司实施股权激励递延纳税期间，非上市公司情况发生变化，不再符合7项递延纳税条件中第4至6项的，不能继续享受递延纳税优惠，应在情况发生变化的次月15日内按不符合条件的计税方法计算纳税。

19. 个人持有递延纳税股权期间取得转增股本收入，税收上如何处理？

答：依据税法，企业以未分配利润、盈余公积、资本公积转增股本，需按照“利息、股息、红利所得”项目计征个人所得税。同时，根据《财政部、国家税务总局关于将国家自主创新示范区有关税收试点政策推广到全国范围实施的通知》（财税〔2015〕116号），中小高新技术企业转增股本，个人股东可分期5年缴税。但是，个人持有递延纳税股权期间，发生上述情形的，根据101号文件第四条第（四）项规定，因递延纳税的股权产生的转增股本收入，应在当期缴纳税款。

20. 递延纳税股权财产原值应该如何确定？

答：根据101号文件，非上市公司股票（权）期权的财产原值按照行权价确定，限制性股票按照实际出资额确定，股权奖励的原值为零，技术成果投资入股的财产原值即为技术成果的原值。若纳税人同时取得了多项享受递延纳税政策的股权，应按照加权平均法计算财产原值，并且不与其他方式取得的股权成本合并计算。

对于单独取得股票（权）期权、限制性股票、股权奖励或以技术成果入股，财产原值的确定并不困难。对于同时取得多项享受递延纳税政策的股权，主要应把握两点：一是需要按照加权平均法进行统筹计算；二是与其他方式出资取得的股权进行分别计算。

例4 赵某为A企业核心技术人员。2016年9月，赵某以个人发明的专利技术作价100万元入股A企业，取得A企业股票20万股，该技术成果原值为10万元，赵某选择了递延纳税。2017年6月，赵某以自有房屋作价50万元，取得A企业股票5万股。2017年10月，赵某出资60万元自股东林某手中购买A公司股票5万股。此外，2017年1月份，A企业实施了符合条件的股票期权激励，赵某于2020年5月份以8元/股的价格行权获得5万股，赵某选择了递延纳税。赵某的股票原值如何计算？

解析：根据政策规定，赵某递延纳税部分的股票和非递延纳税部分的股票分别计税，原值也分开计算。

递延纳税股权部分：赵某递延纳税的股票由以技术成果投资入股和股票期权两部分构成。

递延纳税的股票原值＝技术成果的原值＋股票期权的行权总价＝10万元＋8元/股×5万股＝50万元

递延纳税的股票每股原值＝50万元÷（20万股＋5万股）＝2元/股

非递延纳税股权部分：赵某非递延纳税的股票由房屋投资入股和直接购买两部分构成。根据《股权转让所得个人所得税管理办法（试行）》（国家税务总局公告2014年第67号发布，以下简称“67号公告”）规定，这两部分的股票原值也需要进行加权平均计算。在不考虑其他因素情况下，赵某非递延纳税的股票原值按如下方法计算：

非递延纳税的股票原值 = 50 万元 + 60 万元 = 110 万元

非递延纳税的股票每股原值 = 110 万元 ÷（5 万股 + 5 万股）= 11 元/股

例 5 接例 4，假如赵某此前在 2018 年 6 月份以 8 元/股的价格行权取得股票 1 万股，并当期缴纳了个人所得税，则如何计算股票原值？

解析：由于该部分股票已经缴纳了个人所得税，因此不与递延纳税的股票部分进行合并，应与非递延纳税的股票进行加权平均计算。

赵某的非递延纳税的股票原值 = 8 元/股 × 1 万股 + 110 万元 = 118 万元

赵某递延纳税的股票原值仍为 50 万元。

21. 递延纳税股权实际转让时，该如何计算纳税？

答：根据 101 号文件规定，实际转让股权时，视同递延纳税优惠政策的股权优先转让。

例 6 接例 4，若赵某 2021 年 8 月以 100 万元转让了 5 万股，其他税费忽略不计，如何计算纳税？

解析：根据政策规定，转让时视同递延纳税的股票优先转让，因此赵某应纳的个人所得税按如下计算：

应纳税所得额 = 100 万元 − 2 元/股 × 5 万股 = 90 万元

应纳税额 = 90 万元 × 20% = 18 万元

例 7 接例 4，若赵某 2021 年 8 月以 600 万元转让 30 万股给 B 企业，其他税费忽略不计，如何计算纳税？

解析：赵某递延纳税的股票共 25 万股，非递延纳税的股票共 10 万股。若赵某转让了30万股，则视同递延纳税的部分全部转让，非递延纳税的部分转让了5万股。

对于A企业而言，此时需要考虑代扣赵某个人所得税的问题。具体计算如下：

递延纳税部分的股票转让收入=600万元÷30万股×25万股=500万元

递延纳税部分应纳税额=（500万元-50万元）×20%=90万元

赵某非递延纳税的部分股票，具体计算如下：

非递延纳税部分的股票转让收入=600万元÷30万股×5万股=100万元

非递延纳税部分应纳税额=（100万元-11元/股×5万股）×20%=9万元

22. 以递延纳税的股权进行了非货币性资产投资，税收上如何处理？

答：个人以股权进行非货币性资产投资，《财政部、国家税务总局关于个人非货币性资产投资有关个人所得税政策的通知》（财税〔2015〕41号）规定可以分期5年缴纳。但个人以技术成果投资入股选择递延纳税的，根据101号文件第四条第（四）项规定，个人以递延纳税的股权进行非货币性资产投资，须在非货币性资产投资当期缴纳税款。

23. 个人享受股权激励和技术入股税收优惠需要办理哪些手续？

答：对于个人来讲，无论取得的是非上市公司符合条件的股权激励或上市公司股权激励，还是以技术成果投资入股，都无需本人到税务机关办理备案。相关备案手续由实施股权激励或接受技术成果投资入股的企业向税务机关报备。

个人取得非上市公司实施的符合条件的股权激励或者以技术成果投资入股享受递延纳税的，根据101号文件和62号公告的规定，需要在股票（权）期权行权、限制性股票解禁、股权奖励获得、被投资企业取得技术成果并支付股权的次月15日内办理递延纳税备案，并且在每个纳税年度终了后30日内，还要向税务机关报送《个人所得税递延纳税情况年度报告表》。

个人取得上市公司实施的股权激励享受延期纳税的，需要在股票（权）期权行权、限制性股票解禁、股权奖励获得的次月15日内办理延期纳税备案。

24. 办理税收备案需要提交哪些资料?

答：非上市公司实施符合条件的股权激励，备案时需提交《非上市公司股权激励个人所得税递延纳税备案表》、股权激励计划、董事会或股东大会决议、激励对象任职或从事技术工作情况说明、本企业和股权激励标的企业上一个纳税年度主营业务收入构成情况说明（仅限股权奖励）等资料。

上市公司实施股权激励，备案时需提交《上市公司股权激励个人所得税延期纳税备案表》、股权激励计划、董事会或股东大会决议等资料。

个人以技术成果投资入股，备案时需提交《技术成果投资入股个人所得税递延纳税备案表》、技术成果相关证书或证明材料、技术成果入股协议、技术成果评估报告等资料。

25. 递延纳税股权转让时，企业如何扣缴个人所得税？

答：101 号文件规定，企业实施股权激励或个人以技术成果投资入股，以实施股权激励或取得技术成果的企业为个人所得税扣缴义务人。也就是说，虽然缴纳税款时点递延了，但企业扣缴义务并没有因此而消除。

需要注意的是，根据个人所得税法及 67 号公告相关规定，个人转让非上市公司股权，以受让方为扣缴义务人。这也意味着，个人转让股权，若为递延纳税的股权，由实施股权激励和取得技术成果投资入股的企业代扣代缴税款；对于非递延纳税的股权，则仍按照 67 号公告的相关规定，由受让方代扣代缴税款，并在被投资企业所在地申报缴纳。

例 7 中，赵某转让股权最终需要缴纳的个人所得税，90 万元由 A 企业进行代扣代缴，9 万元由 B 企业代扣代缴。

附录十四　关于国有控股混合所有制企业开展员工持股试点的意见

（2016 年 8 月 2 日　国资发改革〔2016〕133 号）

为全面贯彻党的十八大和十八届三中、四中、五中全会精神，落实“四个全面”战略布局和创新、协调、绿色、开放、共享的发展理念，根据《中共中央 国务院关于深化国有企业改革的指导意见》（中发〔2015〕22 号）有关要求，经国务院同意，现就国有控股混合所有制企业开展员工持股试点提出以下意见。

一、试点原则

（一）坚持依法合规，公开透明。依法保护各类股东权益，严格遵守国家有关法律法规和国有企业改制、国有产权管理等有关规定，确保规则公开、程序公开、结果公开，杜绝暗箱操作，严禁利益输送，防止国有资产流失。不得侵害企业内部非持股员工合法权益。

（二）坚持增量引入，利益绑定。主要采取增资扩股、出资新设方式开展员工持股，并保证国有资本处于控股地位。建立健全激励约束长效机制，符合条件的员工自愿入股，入股员工与企业共享改革发展成果，共担市场竞争风险。

（三）坚持以岗定股，动态调整。员工持股要体现爱岗敬业的导向，与岗位和业绩紧密挂钩，支持关键技术岗位、管理岗位和业务岗位人员持股。建立健全股权内部流转和退出机制，避免持股固化僵化。

（四）坚持严控范围，强化监督。严格试点条件，限制试点数量，防止“一哄而起”。严格审批程序，持续跟踪指导，加强评价监督，确保试点工作目标明确、操作规范、过程可控。

二、试点企业条件

（一）主业处于充分竞争行业和领域的商业类企业。

（二）股权结构合理，非公有资本股东所持股份应达到一定比例，公司董事会中有非公有资本股东推荐的董事。

（三）公司治理结构健全，建立市场化的劳动人事分配制度和业绩考核评价体系，形成管理人员能上能下、员工能进能出、收入能增能减的市场化机制。

（四）营业收入和利润90%以上来源于所在企业集团外部市场。

优先支持人才资本和技术要素贡献占比较高的转制科研院所、高新技术企业、科技服务型企业（以下统称科技型企业）开展员工持股试点。中央企业二级（含）以上企业以及各省、自治区、直辖市及计划单列市和新疆生产建设兵团所属一级企业原则上暂不开展员工持股试点。

违反国有企业职工持股有关规定且未按要求完成整改的企业，不开展员工持股试点。

三、企业员工入股

（一）员工范围。参与持股人员应为在关键岗位工作并对公司经营业绩和持续发展有直接或较大影响的科研人员、经营管理人员和业务骨干，且与本公司签订了劳动合同。

党中央、国务院和地方党委、政府及其部门、机构任命的国有企业领导人员不得持股。外部董事、监事（含职工代表监事）不参与员工持股。如直系亲属多人在同一企业时，只能一人持股。

（二）员工出资。员工入股应主要以货币出资，并按约定及时足额缴纳。按照国家有关法律法规，员工以科技成果出资入股的，应提供所有权属证明并依法评估作价，及时办理财产权转移手续。上市公司回购本公司股票实施员工持股，须执行有关规定。

试点企业、国有股东不得向员工无偿赠与股份，不得向持股员工提供垫资、担保、借贷等财务资助。持股员工不得接受与试点企业有生产经营业务往来的其他企业的借款或融资帮助。

（三）入股价格。在员工入股前，应按照有关规定对试点企业进行财务审计和资产评估。员工入股价格不得低于经核准或备案的每股净资产评估值。国有控股上市公司员工入股价格按证券监管有关规定确定。

（四）持股比例。员工持股比例应结合企业规模、行业特点、企业发展阶段等因素确定。员工持股总量原则上不高于公司总股本的30%，单一员工持股比例原则上不高于公司总股本的1%。企业可采取适当方式预留部分股权，用于新引进人才。国有控股上市公司员工持股比例按证券监管有关规定确定。

（五）股权结构。实施员工持股后，应保证国有股东控股地位，且其持股比例不得低于公司总股本的34%。

（六）持股方式。持股员工可以个人名义直接持股，也可通过公司制企业、合伙制企业、资产管理计划等持股平台持有股权。通过资产管理计划方式持股的，不得使用杠杆融资。持股平台不得从事除持股以外的任何经营活动。

四、企业员工股权管理

（一）股权管理主体。员工所持股权一般应通过持股人会议等形式选出代表或设立相应机构进行管理。该股权代表或机构应制定管理规则，代表持股员工行使股东权利，维护持股员工合法权益。

（二）股权管理方式。公司各方股东应就员工股权的日常管理、动态调整和退出等问题协商一致，并通过公司章程或股东协议等予以明确。

（三）股权流转。实施员工持股，应设定不少于36个月的锁定期。在公司公开发行股份前已持股的员工，不得在公司首次公开发行时转让股份，并应承诺自上市之日起不少于36个月的锁定期。锁定期满后，公司董事、高级管理人员每年可转让股份不得高于所持股份总数的25%。

持股员工因辞职、调离、退休、死亡或被解雇等原因离开本公司的，应在12个月内将所持股份进行内部转让。转让给持股平台、符合条件的员工或非公有资本股东的，转让价格由双方协商确定；转让给国有股东的，转让价格不得高于上一年度经审计的每股净资产值。国有控股上市公司员工转让股份按证券监管有关规定办理。

（四）股权分红。员工持股企业应处理好股东短期收益与公司中长期发展的关系，合理确定利润分配方案和分红率。企业及国有股东不得向持股员工承诺年度分红回报或设置托底回购条款。持股员工与国有股东和其他股东享有同等权益，不得优先于国有股东和其他股东取得分红收益。

（五）破产重整和清算。员工持股企业破产重整和清算时，持股员工、国有股东和其他股东应以出资额为限，按照出资比例共同承担责任。

五、试点工作实施

（一）试点企业数量。选择少量企业开展试点。各省、自治区、直辖市及计划单列市和新疆生产建设兵团可分别选择 5 – 10 户企业，国务院国资委可从中央企业所属子企业中选择 10 户企业，开展首批试点。

（二）试点企业确定。开展员工持股试点的地方国有企业，由省级人民政府国有资产监督管理机构协调有关部门，在审核申报材料的基础上确定。开展试点的中央企业所属子企业，由国有股东单位在审核有关申报材料的基础上，报履行出资人职责的机构确定。

（三）员工持股方案制定。企业开展员工持股试点，应深入分析实施员工持股的必要性和可行性，以适当方式向员工充分提示持股风险，严格按照有关规定制定员工持股方案，并对实施员工持股的风险进行评估，制定应对预案。员工持股方案应对持股员工条件、持股比例、入股价格、出资方式、持股方式、股权分红、股权管理、股权流转及员工岗位变动调整股权等操作细节作出具体规定。

（四）员工持股方案审批及备案。试点企业应通过职工代表大会等形式充分听取本企业职工对员工持股方案的意见，并由董事会提交股东（大）会进行审议。地方试点企业的员工持股方案经股东（大）会审议通过后，报履行出资人职责的机构备案，同时抄报省级人民政府国有资产监督管理机构；中央试点企业的员工持股方案经股东（大）会审议通过后，报履行出资人职责的机构备案。

（五）试点企业信息公开。试点企业应将持股员工范围、持股比例、入股价格、股权流转、中介机构以及审计评估等重要信息在本企业内部充分披露，切实保障员工的知情权和监督权。国有控股上市公司执行证券监管有关信息披露规定。

（六）规范关联交易。国有企业不得以任何形式向本企业集团内的员工持股企业输送利益。国有企业购买本企业集团内员工持股企业的产品和服务，或者向员工持股企业提供设备、场地、技术、劳务、服务等，应采用市场化方式，做到价格公允、交易公平。有关关联交易应由一级企业以适当方式定期公开，并列入企业负责人经济责任审计和财务审计内容。

六、组织领导

实施员工持股试点，事关国有企业改革发展大局，事关广大员工切身利益，各地区、各有关部门要高度重视，加强领导，精心组织，落实责任，确保试点工作规范有序开展。国务院国资委负责中央企业试点工作，同时负责指导地方国有资产监督管理机构做好试点工作，重要问题应及时向国务院国有企业改革领导小组报告。首批试点原则上在2016年启动实施，各有关履行出资人职责的机构要严格审核试点企业申报材料，成熟一户开展一户，2018年年底进行阶段性总结，视情况适时扩大试点。试点企业要按照要求规范操作，严格履行有关决策和审批备案程序，扎实细致开展员工持股试点工作，积极探索员工持股有效模式，切实转换企业经营机制，激发企业活力。各有关履行出资人职责的机构要对试点企业进行定期跟踪检查，及时掌握情况，发现问题，纠正不规范行为。试点过程中出现制度不健全、程序不规范、管理不到位等问题，致使国有资产流失、损害有关股东合法权益或严重侵害企业职工合法权益的，要依法依纪追究相关责任人的责任。

金融、文化等国有企业实施员工持股，中央另有规定的依其规定执行。国有科技型企业的股权和分红激励，按国务院有关规定执行。已按有关规定实施员工持股的企业，继续规范实施。国有参股企业的员工持股不适用本意见。

附录十五　关于试点创新企业实施员工持股计划和期权激励的指引[①]

（2018年6月6日　证监会公告〔2018〕17号）

为服务国家创新驱动发展战略，做好创新企业试点工作，支持纳入试点的创新企业（以下简称试点企业）实施员工持股计划和期权激励，发挥资本市场服务实体经济的作用，制定本指引。

---

① 试点企业应当是符合国家战略、掌握核心技术、市场认可度高，属于互联网、大数据、云计算、人工智能、软件和集成电路、高端装备制造、生物医药等高新技术产业和战略性新兴产业，且达到相当规模的创新企业。其中，已在境外上市的大型红筹企业，市值不低于2000亿元人民币；尚未在境外上市的创新企业（包括红筹企业和境内注册企业），最近一年营业收入不低于30亿元人民币且估值不低于200亿元人民币，或者营业收入快速增长，拥有自主研发、国际领先技术，同行业竞争中处于相对优势地位。试点企业具体标准由证监会制定。

证监会成立科技创新产业化咨询委员会，充分发挥相关行业主管部门及专家学者作用，严格甄选试点企业。咨询委员会由相关行业权威专家、知名企业家、资深投资专家等组成，按照试点企业标准，综合考虑商业模式、发展战略、研发投入、新产品产出、创新能力、技术壁垒、团队竞争力、行业地位、社会影响、行业发展趋势、企业成长性、预估市值等因素，对申请企业是否纳入试点范围作出初步判断。

一、关于上市前实施的员工持股计划

（一）试点企业首发上市前实施员工持股计划的应当体现增强公司凝聚力、维护公司长期稳定发展的导向，建立健全激励约束长效机制，有利于兼顾员工与公司长远利益，为公司持续发展夯实基础。原则上符合下列要求：

1. 试点企业实施员工持股计划，应当严格按照法律、法规、规章及规范性文件要求履行决策程序，并遵循公司自主决定，员工自愿参加的原则，不得以摊派、强行分配等方式强制实施员工持股计划。

2. 参与持股计划的员工，与其他投资者权益平等，盈亏自负，风险自担，不得利用知悉公司相关信息的优势，侵害其他投资者合法权益。

员工入股应主要以货币出资，并按约定及时足额缴纳。按照国家有关法律法规，员工以科技成果出资入股的，应提供所有权属证明并依法评估作价，及时办理财产权转移手续。

3. 试点企业实施员工持股计划，可以通过公司制企业、合伙制企业、资产管理计划等持股平台间接持股，并建立健全持股在平台内部的流转、退出机制，以及股权管理机制。

参与持股计划的员工因离职、退休、死亡等原因离开公司的，其间接所持股份权益应当按照员工持股计划的章程或相关协议约定的方式处置。

（二）员工持股计划符合以下要求之一的，在计算公司股东人数时，按一名股东计算；不符合下列要求的，在计算公司股东人数时，穿透计算持股计划的权益持有人数：

1. 员工持股计划遵循“闭环原则”。员工持股计划不在公司首次公开发行股票时转让股份，并承诺自上市之日起至少 36 个月的锁定期。试点企业上市前及上市后的锁定期内，员工所持相关权益拟转让退出的，只能向员工持股计划内员工或其他符合条件的员工转让。锁定期后，员工所持相关权益拟转让退出的，按照员工持股计划章程或有关协议的约定处理。

2. 员工持股计划未按照“闭环原则”运行的，员工持股计划应由公司员工组成，依法设立、规范运行，且已经在基金业协会依法依规备案。

（三）试点企业应当在招股说明书中，充分披露员工持股计划的人员构成、是否遵循“闭环原则”、是否履行登记备案程序、股份锁定期等。保荐机构、发行人律师应当对员工持股计划是否遵循“闭环原则”，具体人员构成，员工减持承诺情况，规范运行情况及备案情况进行充分核查并发表明确意见。

二、关于上市前制定、上市后实施的期权激励计划

试点企业存在上市前制定、上市后实施的期权激励计划的，应体现增强公司凝聚力、维护公司长期稳定发展的导向。原则上符合下列要求：

（一）有关激励对象条件，激励计划的必备内容与基本要求，激励工具的定义与权利限制，行权安排，回购或终止行权，实施程序，信息披露等内容参考《上市公司股权激励管理办法》的相关规定执行。

（二）期权的行权价格由股东自行商定确定，但原则上不应低于最近一年经审计的净资产或评估值。

（三）试点企业全部在有效期内的期权激励计划所对应股票数量占上市前总股本比例原则上不得超过 15%。

（四）试点企业在审核期间，不应新增期权激励计划。

（五）试点企业在制定期权激励计划时应充分考虑实际控制人稳定，避免上市后期权行权导致实际控制人发生变化。

（六）激励对象在试点企业上市后行权认购的股票，应承诺自行权日起三年内不减持，同时承诺上述期限届满后比照董事、监事及高级管理人员的相关减持规定执行。

（七）试点企业应当充分披露期权激励计划的相关信息，揭示期权激励计划对公司经营状况、财务状况、控制权变化等方面的影响。

本指引自公布之日起施行。《非上市公众公司监管指引第 4 号——股东人数超过 200 人的未上市股份有限公司申请行政许可有关问题的审核指引》与本指引不一致的，按本指引执行。

图书在版编目（CIP）数据

重新定义公司：事业合伙制股权激励法律实务／高慧著．—北京：中国法制出版社，2019．3

ISBN 978－7－5216－0057－5

Ⅰ．①重…　Ⅱ．①高…　Ⅲ．①股份公司－股权激励－公司法－研究－中国　Ⅳ．①D922．291．914

中国版本图书馆 CIP 数据核字（2019）第 040572 号

责任编辑　刘晓霞　　　　封面设计　周黎明

重新定义公司：事业合伙制股权激励法律实务

CHONGXIN DINGYI GONGSI：SHIYE HEHUOZHI GUQUAN JILI FALÜ SHIWU

著者/高慧

经销/新华书店

印刷/三河市国英印务有限公司

开本/710 毫米×1000 毫米　16 开　　　印张/ 19.5　字数/ 153 千

版次/2019 年 3 月第 1 版　　　2019 年 3 月第 1 次印刷

中国法制出版社出版

书号 ISBN 978－7－5216－0057－5　　　定价：56.00 元

北京西单横二条 2 号　邮政编码 100031　　　传真：010－66031119

网址：http：//www.zgfzs.com　　　**编辑部电话：010－66075800**

市场营销部电话：010－66033393　　　**邮购部电话：010－66033288**

（如有印装质量问题，请与本社印务部联系调换。电话:010－66032926）